JN123588

私たちが勉強する意味

最高に楽しかったブラックゼミ

はじめに ―― 勉強する意味ってあるん!?

「大学に入学して三年、勉強するために大学に入ったけど、真面目に勉強してる人、めっちゃ少ない！」
関西学院大学国際学部の關谷《せきや》ゼミに所属する四人の学生は、大学生活に疑問をもっていた。

シオリ　今まで、勉強せなあかんって先生や大人に言われた言葉を信じて真面目にやってきた。自分自身も、将来の夢を叶えるために大学で一生懸命勉強しようと思って意気込んでた。なのに、大学に入ったら意外とみんな勉強してない！　寝たり欠席したりするだけならまだしも、授業中うるさかったり化粧したりしてるし、大学生ってこんなもん？　って感じ。みんな何しに大学に来たんやろう。

アンナ　確かに、大学は義務教育とか高校とは違ってせっかく好きなこと勉強できるのにね。私は高校生のころ、大学で好きなことを勉強するのが楽しみだった。でも周りには大学で遊ぶために受験勉強をしてる人が多くて、不思議で仕方がなかったな。やらされる勉強をよくできるな……って思ってた。

確かに、高校時代は大学に合格するために勉強する人が多かった。しかし、彼らの大学に入学する目的のほとんどは、勉強することではなく、より良い就職を目指すことだったのかもしれない。

マイ　私は、みんな行くし、親も勧めるから大学に来た。自分では、目的もないのに意味ある？　とは思ってたけど、娘を大学に行かせることはお母さんの夢でもあったから。でも、これまであんまりちゃんと勉強してきてなかったから、入学してからめっちゃ焦ったなー。英語はできるけど他はダメ。このゼミに入る前は寝ていたり遊んだりで、授業もちゃんと出ていなかった。でも、バイトとか大学の外での活動は一生懸命してたし、そこから学んだこともいっぱいあるよ。

もしかして、大学での勉強よりバイトの経験の方が役に立つ？

インターンとかのために大学の授業を休む学生もたくさんいたような……。

ソラ　私は昔から、別に勉強は好きでも嫌いでもなくて、好奇心もそんなに強くない。でも、勉強はできる方だったから、なんとなく大学に来た。高校の授業で習った世界の課題とかを解決できたらいいなって思いもあったし。ただ、私立大学の学費は高いから、奨学金とらないと！って戦略的に勉強してるかも。いい成績が取れる勝算のある授業を履修したり……。だから他の人が勉強しないのはある意味ラッキーやな。でも、みんな勿体ないことしてるなーとは思うなあ。

みんないろいろな想いをもって大学に進学し、勉強している。でも、そもそもなんで勉強ってしなきゃならないんだろう？そういえば今まで、明確な答えを学校の先生や親などの周りの大人から聞いたことがない！

私たちはゼミが終わった後に、指導教員の闞谷先生に尋ねてみることにした。

先生　なんでもすぐに与えてもらう姿勢は、うちのゼミではやめなさい。

私たちの所属する闞谷ゼミは、教育開発のゼミ。担当教員の闞谷先生はかなり変わり者で、普通の大学教授とは一味も二味も違う。先生は週一回のゼミの授業以外にも読書会や勉強会を開いて、私たちに「いかに生きるか」について考えるよう促す、現代に生きるソクラテスなのだ。

マイ　自分たちで答えを探すってことですか？　えー！　でも、周りの大人も答えられないような問題なんて、まだ社会に出てない私たちには難しすぎますよ。

先生　四人で勉強会を開いて議論を重ねて、卒業までに一冊の本にまとめてみたら？　うちのゼミに入ったからには、学生の間にしかできない学びを全力でやってもらわないとね。

このゼミでは、ゼミの授業に参加するだけでは先生のもとで学んだことにはならない。例えば、大学院生としてゼミに所属する先輩たちは、自分と向き合い、生きる基軸を自分の中に構築するため、自分の研究とは関係のない分野の研究に進んで参加したり、災害ボランティアに参加したりしている。

闞谷ゼミに入って三ヶ月、私たちはこのゼミでの活動の大変さを痛感していた。もちろんゼミ選択のときから、闞谷先生のもとで学ぶにあたってそれなりの覚悟はあった。その修行のような実態ゆえに、他の学部生からは「闞谷教」と揶揄されていることも知っていた。それでも先生のもとで学びたいと思ってゼミに入ったのだが、いざ本格的に忙しくなりそうになると後ずさり。

シオリ　授業の課題もめっちゃあるし、バイトもせなあかんし、やることいっぱいやし……。

マイ　四年生になったら就職活動も始まるし、卒論も書かないといけないのに大丈夫かな……？

先生　やる前からこれか……。頭と体を使って、最大限の探求に行ってみなさいよ。そのための準備はさせてきたつもりだけど。

その日の帰り道、四人は改めて話し合った。

シオリ　本って先生また無茶なこと言って……。ただでさえ闕谷ゼミは課外活動で忙しいのに、ハードル高いよなあ。

先生が私たちに唐突な提案をするのはこのときが初めてではなかった。先生は私たちのためにいつも学びの機会を与えてくれるが、授業にバイトに忙しい私たちにとっては無茶な提案であることが多い。それは旅の空でも例外ではない。急に「日本と自分を振り返るワークショップをしよう！」と思い立った先生から、福岡旅行中のアンナ、香川旅行中のシオリに電話がかかってきたこともあった。「先生勘弁してよ……」と、最初は渋々なことがほとんど。しかしやってみると新しい発見や深い学びがあって、先生の提案に乗って後悔したことは一度もない。卒業したＯＢＯＧが自身の課外活動を振り返るとき、「大変やったけどめちゃくちゃ大事なことを学べたなあ」と口をそろえて言うのも知っていた。

アンナ　本はともかく、私は単純になんで勉強しなきゃいけないのか調べてみたいけど。

ソラ　うーん。闕谷ゼミに入ったからには、ＯＢＯＧや先輩がしてたみたいに何か頑張らな！とも思うねんな。大変そうやけど、このメンバーなら勉強会も楽しくできるんじゃない？

シオリ　私も、先生のよく言う『学生のうちにしかできないこと』をやる価値はあると思う。でも、私らで本なんか書けると思う？　みんなそれぞれ忙しいのに、勉強会に時間割ける？

マイ　大変なのは想像できるけど、今ここで頑張らなかったら卒業したときに何も残らない気がして怖いな。一回ぐらい本気で勉強会とかやってみてもいいかも。

アンナ　勉強会の議事録をブログとかにまとめていくのはどう？

マイ　それもいいなあ。

シオリ　でも、せっかくやるんやったらダメ元でも本にまとめることを目標にしたいかな。よりしんどいことを目標にする方が、成長できると思う。

ソラ　先生もそう提案してくれてるしなあ。とりあえず、やってみようか。

こうして、ブツブツ言いながらも重い腰を上げ、私たちは卒業までに一冊の本を書きあげることを目標に、「なぜ勉強するのか」というテーマについて勉強会を始めることにした。

目次◆私たちが勉強する意味——最高に楽しかったブラックゼミ

勉強ってそもそも何？

「勉強」にはいろいろな種類がある

そもそも「勉強」って何だろうか。議論を進めていくためには、まず私たちにとっての「勉強」を定義づけする必要がある。私たちは改めて考えてみることにした。

マイ　新しいことを知るってことが「勉強」じゃない？

アンナ　知識や技術を知ったり、他の人の考え方に触れたりすることかなあ。

シオリ　物知り博士みたいな人が勉強できる人っていうイメージあるよな。

ソラ　とりあえず辞書で調べてみる？

辞書で調べてみると、「精を出してつとめること」とか、「学問や技術を学ぶこと。さまざまな経験を積んで学ぶこと」と書いてある（広辞苑第七版）。

ソラ　机に向かってノートを広げて勉強する「勉強」と、経験を通して学ぶ「勉強」があるってことか。

アンナ　知識が基礎としてあった上で、経験を通して「勉強」するんじゃない？

マイ　確かに、知識がいっぱいある方が経験を通して学ぶことも多そう。

シオリ　知識を蓄えるだけじゃなくて、それを活用してさらに勉強することが大事なんやな。

「勉強」と聞くと、つい机に向かってガリガリ励んでいる様子を想像しがちだ。私たちは、これまで親に「勉強しなさい！」と言われたら、とりあえず勉強机に向かってきた。しかし、目上の人の話を聞いたときや何か失敗をしてしまったときも、「いい勉強になった」と「勉強」という言葉を使う。広辞苑が指すとおり、知識を詰め込むだけが「勉強」ではないと私たちは気づいた。

「勉強」から得られるもの

マイ　机に向かってする勉強では「知識」が得られる。だけど、経験を通してする勉強では何が得られるんやろう？

シオリ　うーん……。トラブルに対処するときとか「知恵を絞る」とか言うし、「知恵」が得られるんじゃない？

アンナ　「知恵」と似た言葉に「知性」とかもあるけど、何が違うんやろう？

ソラ　とりあえずもう一回辞書で調べてみよ！

またまた辞書で調べてみると、「知恵」とは「物事の道理を正しく判断し、適切に処理する能力」、「知性」とは「感覚によって得られた物事を認識・判断し、思考によって新しい認識を生みだす精神の働き」と書かれてある。

アンナ　似ているようでちょっと違う……。

シオリ　なんとなくやけど、「知恵」は知識を活用して課題を解決する、「知性」は知識を活用して新しいものを生み出すって感じじゃない？

マイ　でも、二つとも「判断」って書いてあるな！　考える力が必要って感じかな？

ソラ　つまり、「知恵」や「知性」を得るためには、思考力と判断力が必要ってことやね。

議論の末、私たちは「勉強」について二つの定義を定めた。

① 知識や技術を習得すること
② 思考力や判断力を養うこと

私たちはこれらの定義に基づいて、「なぜ勉強しなければならないのか」というテーマについて、本格的に議論を進めていくことにした。

人間が勉強するワケ

勉強するのは幸せのため？

勉強会を始めるにあたって、まず私たちは自分たちが勉強している理由について話し合った。

アンナ 単純に新しいことを知るのって楽しくない？ ちょっとでも疑問に思ったことは調べ尽くしたいな。

アンナは知りたいと思ったことは探求せずにはいられない性格だ。大学に入学し、「教育」についてもっと知りたいと思ったアンナは教職課程を履修している。しかし、教壇に立つ前に社会のあれこれも知っておくことが大切であると考え、同時に就職活動の準備もしているのだ。

アンナ 新しいことがわかったり、難しいと思っていたことが理解できるようになったりすると、世界が広がる感じがしない？

確かに、それぞれに思い当たる節はあった。特に小さいころは、新しいことができるようになるワクワクが大きかった。

シオリは、五歳で自転車に乗れるようになったときに、おじいちゃんとすごく喜んだことを思い出した。自分が変わること、できる自分になることは、いくつになっても嬉しいことだ。

達成感は、新しいことができるようになっても得られるが、良い成績を取ることでも感じられる。また、成績は結果がわかりやすく出るのも特徴だ。シオリは勉強を頑張ることで自信を得てきた。

シオリ 小学校のころ、スポーツのできる子たちがうらやましかった。自分は運動が苦手やったから、その気持ちを勉強にぶつけて頑張ってきたな。

良い成績を取ることは、自分が「できる」という証だ。数字がすべてではないけれど、結果を出すことで自分が満足できるし、周りからも認められる。

マイが勉強を頑張りたいのは、知的なおばあちゃんになりたいからだ。

マイ 今は若くておしゃれもできて、それだけでもステキでいられる。だけど、歳を取ったらそうはいられない。おばあちゃんになったときにステキでいられるためには、中身が重要やと思うねん。

マイが言うとおり、勉強することで、一生変わることのない価値を得られるのかもしれない。

さらに、将来のために勉強している人もいるだろう。高校生のころ、多くの生徒はより良い大学に進学するために頑張っていた。社会人になっても、キャリアアップのために勉強している人はいるのではないだろうか。良い環境・組織に身を置くことは、自分を高めることにつながる。だから人は上を目指すのかもしれない。

もっとも、国際学部で開発分野に興味をもって勉強している私たちには、社会に貢献したい、この社会をより良いものにしたいという気持ちもある。

良い社会・コミュニティ・国、ひいては良い世界になってほしい。それがみんなの幸せにもなるし、それが自分の幸せでもある。

この想いを人一倍強くもっているのがソラだ。

ソラ　誰かの役に立ちたいから、自分の能力を高められるよう勉強してる。

ソラは誰かの役に立つことが自分の幸せだと考えている。

みんなの勉強する目的は全然違うようで、でも完全に違うわけではないような気がした。

探求心旺盛なアンナも、勉強で自信を得てきたシオリも、知的なおばあちゃんになりたいマイも、みんなの幸せが自分の幸せだと考えているソラも、みんな勉強の先には幸せを見ている。

勉強するのは幸せのためなのではないか。私たちはそう考えるようになった。

そんな私たちに先生は言った。

先生　せっかくだから、大学生らしく仮説を立てて考えてみたら？

私たちはこれまでの話を踏まえ、人々が勉強する理由について次のような仮説を立てた。

◆仮説

勉強を通してより良いものを提供できる、より大きなことができる自分になる。そうして社会・他者に貢献することが自分の幸せにつながるため勉強する。

先生　まずは学術的な視点から考えてみたらどうかな？

学術的といっても、いろんな学問がある。

マイ　どの分野の本を読めばいいんやろう……。

シオリ　アンナが履修してる教職の授業ではどんな分野を扱ったん？

アンナ　教職の授業では、心理学とか社会学の観点から学ぶことも多かったよ。

マイ　心理学や社会学が教育に関連してるんや。

アンナ　そうそう。教育はもちろん人間の心理が関係してくるし、社会の在り方によって教育も変化するからね。

ソラ　じゃあ、「教育」を構成する心理学、社会学の本を当たってみようか。
マイ　そうやね。あと、人間を動物のヒトとして考えて、勉強する理由を見つけるのも面白そうじゃない？
アンナ　確かに。ヒトという生物がなぜ勉強しなければならないのか探ってみるのもよさそう。
ソラ　じゃあ生物学の本も読んでみよう。

こうして私たちは、三つの学術的視点から人間が勉強する理由について考えてみることにした。

一つは生物学。他の動物も学習するけれど、勉強する動物ってあまり聞いたことがない。ヒトという動物がなぜ勉強するのか見ていきたい。

そして心理学。私たちが勉強する理由は議論したけれど、学問の視点から「勉強する気持ち」を知りたい。

さらに、ヒトの歴史の中で「教育」という文化はなぜ生まれたのか知るために、社会学にも触れることにした。

探求心に火が付いたアンナが、その日のうちに一〇冊以上の参考資料を図書館で借りて帰り、他の三人のために参考になりそうな本や文献のリストを作成してくれた。

一致団結！と思いきや……

では、さっそく生物学・心理学・社会学の本をみんなで読んでいこう！

と言いたいところだったが、今まで勉強会をリードしていたシオリとソラが、大学のプログラムで海外に半年間ボランティアに行くことになった。

二人が参加した国際ボランティアプログラムは、学生を約半年間、世界の教育機関やＮＧＯ、国際機関などにボランティアとして派遣するものだ。学内外での厳しい選考を勝ち抜いた学生だけが参加できるプログラムで、アンナも三年生の春学期に参加し、カンボジアに派遣されている。シオリとソラは、大学入学当初からこのプログラムに参加することを目標に頑張っていた。

その様子を近くで見ていたマイとアンナも、二人の旅立ちを心から応援していた。しかし、その想いと同時に、これから二人きりでやっていけるのか焦りも感じていた。

ソラの派遣先は人道支援を行う国際ＮＧＯのオーストラリア事務所。シオリの派遣先はザンビアの国際機関。時差はあるし、特に開発途上国であるザンビアでは電気やインターネットが通じないこともあるしと、頼れる二人の参加は難しくなる。馬力が足りなくなるとわかったとき、仕切り役を買って出たのはマイだった。

マイ　二人がいない間、私がリーダーとしてゼミを回していくよ！　勉強会もちゃんと引っ張っていくから！

こうしてマイは、勉強会のリーダーと、シオリがやっていたゼミのリーダーを同時に担うことになった。

しかし、今までリードする立場に立ったことがなく、チームで何かを成し遂げた経験もないマイ。卒業するまでに本を完成させるためには、月ごとにノルマを達成しなければならない。タスクの優先順位を定め、そこに費やす時間を調整していかなければならないのだ。その上、卒業するための単位がギリギリのマイは、授業もフル単位で受けなければならなかった。

マイはストレスのあまり食に走った。

マイの一日は、朝ごはんをしっかりと食べることから始まる。これは、どんなときでも欠かさない、マイのモーニングルーティンだ。しかし、ストレスを抱えたマイには、二度目の朝食が待っている。それは、大学への道すがらでのことだ。大学の最寄り駅からキャンパスまでは、主に二通りの行き方がある。三〇分ほど歩くコースか、一〇分ほどバスに乗るコースだ。マイは、たいてい歩くコースを選ぶ。なぜなら、道中ではパン屋さんやコンビニがマイを待っているからだ。マイは、パン屋さんでマカロンを、コンビニでおにぎりを、毎日交互に食べた。

それでも、マイの朝食はまだ終わらない。キリスト教系の大学である関学には、昼休憩の他に、礼拝時間として午前中に四〇分の自由時間が設けられている。マイは、その時間にも食堂でうどんとサラダをしっかりと食べた。

昼ごはんには、またうどんとサラダを食べた。マイは食堂のうどんが大好きなのだ。特にかけうどんがお気に入りで、このころのマイは、一度に二杯食べた。本当は三杯食べたかったのだが、さすがに友達も引いていたのでやめておいた。

その後、授業の休憩時間や放課後に、スイーツ、あるいはカップラーメンを買っては食べた。家に着いた後も、たとえ夜ごはんを外で済ませていようと、家のごはんもしっかりと食べた。

そうこうしているうちに、マイの体重は一〇キロも増えたのだった。

マイ　リーダーやるなんて言わなきゃよかった。

マイはてんてこまいになり、頭を抱えた。

しかし、このマイの奮闘のおかげで私たちは勉強会を続けることができたのだ。

学術的に考えてみた

生物学の観点

私たち人間に限らず、動物は学習する。犬はお手をすることができるし、猿も芸をすることができる。しかし、彼ら動物は、私たち人間のように学校に通って授業を受けたりテストを受けたりすることはない。私たちヒトはどうしてこんなことをするのだろう。他の動物とは何が違うのだろう。そうした疑問を解決するべく、私たちはまず、生物学の観点から勉強した。

みんなで生き残るため

本来、学習とは生命維持のためのツールだとされる。学習することで、自分の生存や共同体の生存につなげることができるのだ。

生命維持に欠かせないものの一つは食事だ。例えば木の実だったら、木から落とすために長い枝を使ったり、食べるために石で殻を割ったりする。食事一つとっても、動物はどうしたら食べ物を得られるか学習することができなければ死んでしまう。学習のレベルに差はあれど、多くの動物は生き延びるべく学習する。

では、人間が他の動物と特に異なっている点は何なのだろうか。

マイ　そりゃまあ、動物も学習しているやろうけど、私たちみたいに国語・数学・理科・社会って勉強はしてないよね。

アンナ　学校がある動物なんて他に聞いたことないもんね。

マイ　じゃあ、教育をするっていうのが人間の特徴なんかな。

しかし、なんと「教育をする」のは決して人間だけではないのだ。進化生物学者のカロとハウザー[1]は「教育」を成立させる条件として、次の三点を挙げている。

- 他者の行動を修正する（その行為は他のときには見られない）
- 教える側には直接的な利益がない
- 学習が本当に成り立っている

1　当時の辞書では「教育」という言葉について「あることの習得に付随して必要な情報や助け、励ましを与えるなどして、人に知識や技術を身につけさせることを表す一般用語」と定義されていた。しかし、この定義は十分ではなく、教育は教える側が教えられる側の利益のために行うことが明記されていなかったり、教えられる側が教育を受ける前は未学習であることが言及されていなかったり、教える側の意図が明確にされていなかったりした。彼らはこのことを問題視して定義した。

この三つの条件を満たしている動物は多くはないものの、いくつか報告されている。その一つがミーアキャットだ。ミーアキャットは猛毒をもつサソリを食料とする。もちろん、毒針は抜いて食べるのだが、その捕獲はもちろん難しい。ミーアキャットは、集団の中の教育担当が、子どものミーアキャットに段階的にサソリの捕獲方法を教育するのだという。教育は人間だけが行う特別なことではないのだ。しかし、教育といってもその規模には差がある。社会で学校のような組織を作って教育する動物は人間くらいかもしれない。

では、生物学の観点から、大学の勉強はどんな存在だといえるだろうか。

大学での勉強は、生命維持のために必要なものではない。しかし、社会などの広い視点から見れば、その必要性も見えてくる。

国民一人ひとりが、それぞれの個性を伸ばし、より優秀な国民が増えれば、より生きやすくなる。しかし、その意義を感じられる人は少なく、「何のために勉強するのか」がわからない人は多いのかもしれない。

海外では宗教の信仰が厚いところが多い。そういった国々では、学校での実学の勉強の他に、宗教施設などでの教えがある。日本ではそういう場は少ない。そのため、社会のため、みんなのためにという意識が低くなりがちなのかもしれない。

好奇心は勉強のガソリン

もっとも、勉強する学生がみんな社会のためになることを意識しているわけではないだろう。ただ単に、勉強することが好きという人もいる。一方で、勉強は嫌いという人もいる。脳科学では、その違いを情動によって説明する。

情動とは、簡単にいうと感情の動きだ。その学習によって得られる情動が、ポジティブであるかネガティブであるかによって、学習の継続に影響があるのだという。つまり、勉強が楽しかったら勉強するし、楽しくなかったら勉強しないのだ。

では、否定的な情動を得た人はもう勉強しなくなってしまうのだろうか。宿題がいっぱい出たら嫌な気分になるし、テストで悪い点を取ったらあまりいい気はしない。ところが、幸いなことに人は否定的な情動をコントロールすることができるという。したがって、勉強を通じて肯定的な情動を得ること、否定的な情動が生まれるのであればそれをコントロールすることが大切になるといえる。

さらに、脳科学の観点からは遺伝と環境についても触れる必要がある。人の人格、思考、振る舞いは遺伝的な影響だけでなく、生まれてからの環境によっても大きく影響されるという。したがって、学習者の学習に対する姿勢を整えるには、周りの環境も大切であるといえるのだ。

心理学の観点

私たちには勉強して幸せになりたいという気持ちがあった。だから人間は幸せになるために勉強するのではないかと考えた。この考えは正しいのだろうか。心理学の観点では勉強する気持ちをどう説明しているのだろうか。

ゴールがあるから勉強できる！

『嫌われる勇気』で近年日本でも有名になった心理学者アドラーは、「人は目標に付随して勉強する」とした。人は、「今の自分」と「目標の自分」との間に境目を見出したとき、それを乗り越えようとする力が生まれるのだという。今の状態から目標の状態に到達するには、勉強が必要とされることがある。目標を実現するために人は勉強するのだ。この意味では、勉強をしない学生は、目標の立て方に問題があるのかもしれない。

自称進学校だったアンナの出身高校には、良い大学に入ることを目標としていた人が多かった。

アンナ みんな行きたい大学は明確にあるのに、早く大学に行って遊びたいとばかり言っていて、それが不思議で仕方がなかった。せっかくすごくいい大学に行った子も結局サークルに明け暮れて遊びまくってるって言ってたな。

近年、学歴は将来とは結びつかなくなりつつあるといわれるようになったものの、いまだ学歴信仰は根強い。少しでも良い大学に入ることを重視するあまり、大学入学後の目標を見つけられない学生は多いのかもしれない。

また、大学生の間に人生の目標を探したいという人もいる。

ある先生は、「近ごろの子は夢を語るやつが少なすぎるよ。『将来の夢ですか？　ないです』とか言っちゃってさ」と話していた。

夢をもたず、目標も不明瞭な状態では、頑張る力も湧いてこない。

「デキる」っていうプライド

アドラーは、目標に向かう姿勢は人間の本質から生まれるとした。その本質とは、優越性だ。優越性と劣等感から成功を追求するのだという。

その意味では、他人より優れたい、他人より劣りたくないという想いがどの方向に向かうかは重要である。求める優越性の方向が社会に向かっている人は、大学生活においても真面目に勉学に励むだろう。

マイ　確かに、他の人より何かに優れていて、嬉しくない人はいないよな。

アンナ　みんな、そういう気持ちはどこかにあるのかもね。

マイ　ところで、アンナって教育の勉強してるやん。そのときに、何で勉強するのかとか聞いたことないん？

アンナ　教育心理学で、学習のメカニズムについて勉強したことがあるよ。

アメとムチ

アンナ　脳科学で「情動」の話をしたやん？

マイ　勉強したとき、ポジティブな気持ちになれば勉強を続けるし、ネガティブな気持ちになれば勉強は続かないってことやんな？

アンナ　そう。実は、教育心理学でも同じようなことがいわれていて、簡単にいうとアメとムチみたいなことかな。

特定の行動をとったとき、アメ、つまり何らかのご褒美が与えられたら、その行動を増加させるという。

マイ　例えば、勉強してテストでいい点数を取ることで、親から褒められたり、お小遣いが増えたりしたら、また勉強しようってなるってこと？

アンナ　そう。

また、ムチ、つまり何らかの罰を避けることができる場合も、その行動を増加させることになる。

マイ　これは、親から叱られないように勉強をちゃんと頑張るみたいなことやね。

アメを与えられることで行動が維持されることを正の強化、ムチを避けるために行動が維持されることを負の強化という。正の強化に関しては、報酬のために行動を維持するだけにとどまらず、行動そのものに好意的な印象をもつようになる。そして、その行動を自主的に実行していくのだ。

正の強化、負の強化のいずれにおいても、アメやムチがなくなると、強化された行動は次第に減少する。特に、負の強化は正の強化よりも行動が減少しやすいといわれる。

マイ　じゃあ、勉強にやる気を出すためには、アメが大事ってことやね！

アンナ　でも、アメをあげさえすればいいってことではないみたい。

アメの効果は、それを得るための努力と比例するという。ある程度の努力を伴った行動に対して、正しいアメが与えられなければならないのだ。

また、アメやムチに関係なく行っていることに対して、アメを与えることも得策ではない。楽しいからやっているのに、不用意にご褒美を用意してしまえば、ご褒美がなければやらないようになってしまう可能性があるからだ。

マイ　アメとムチって、意外と難しいんやな。でも、そもそも大学生にもなって、アメが欲しいからとか、ムチが嫌だからっていう理由で勉強するのは、何か変やな。

アンナ　そうやね。大学の勉強を外の力に頼ってするのは、子どもっぽいよね。でも、このアメとムチって、外から与えられる必要はないみたい。

私たちは自分で自分の行動を律することができる。自らアメとムチを用意してもよいのだ。このことを自己強化という。また、報酬などで自らの行動を調整することの有効性は科学的に証明されている。

マイ　私らも、この勉強会でアメを用意したことあったな。

アンナ　チョコレートビュッフェね！

私たち四人は、勉強会を頑張っているご褒美として、チョコレートビュッフェに行ったことがあった。某高級ホテルでそれなりにお値段は張ったが、いつもお金がないマイもこのときばかりは奮発した。しかし、どこまでもストイックな私たち。ビュッフェに行く前にまずは勉強会。はやる気持ちを抑えて頑張った後は夢の時間だった。右を見ても左を見てもチョコレート。日ごろのストレスから解放されて、また改めて頑張るエネルギーを充電したのだ。

自分をコントロールする力

マイ　ご褒美あったら頑張れるよな〜。そう考えたら、ソラってすごいよね！ご褒美とかなくても頑張れるの、尊敬する！

アンナ　自分の目標とか、それに必要なことがはっきりわかっているから、自分をコントロールできているんだろうね。

学習者として、自らの思考や行動を客観視し、コントロールできることは、目指されるべき姿の一つであるだろう。このことは「メタ認知」というが、メタ認知には二つの側面がある。

一つは自身の抱える問題についての知識、問題解決にあたっての自身の能力や性格についての「メタ認知知識」だ。もう一つは、メタ認知知識を把握した上で、現在の自分自身をモニタリングしたり、課題に対する対策を講じたりするという、「メタ認知過程」である。

メタ認知機能を高める方法としては、モーリッツ教授らが開発した「メタ認知トレーニング（Metacognitive Training：MCT）」などが知られる。

まず、自らの物事に対する考え方や判断の偏りを知り、客観視する。そして、必要に応じて自らの思考・行動を修正したりコントロールしたりする。こうした訓練を通して、メタ認知機能を高められるという。

メタ認知機能を高めることで、自らを律する力が高まる。大学では、幅広い選択肢の中から自ら選んだ分野について専門的に学ぶ。そこで能動的かつ主体的に学習する姿勢をもつためには、メタ認知機能がある程度必要とされているといえるだろう。

メタ認知を含む、さまざまな観点から学習を統合的に捉えたものに、自己調整学習がある。自己調整とは、教育目標の達成を目指して計画を立て、計画遂行過程で自らの行動や考え方をコントロールしながら、効果的に教育目標の達成を目指していくことを指す。

マイ　目標か……。立てたことはあるけど、上手くいったことはないな。

アンナ　私も途中で計画がうやむやになっちゃうことがあるな。自己調整は、上手な人と下手な人がいるみたい。

計画を立てる段階では、目標設定や目標志向性、自己効力感、課題への興味に関して違いが出る。目標設定では、上達した自己調整者は具体的で段階的な目標をもつ。それに対して、初歩の自己調整者は一般的で遠い目標をもつ。

目標志向性では、上達した自己調整者は学習の本質的な面での目標をもち、学習を通じて自分の能力を高めることに意義を見出す。それに対して、初歩の自己調整者は他者と比較し、社会的な評価や報酬を得ることを目標とする。

次に、計画を遂行する段階では、上達した学習者は計画の遂行に集中することができる。自らを律してコントロールすることができるのだ。それに対して、初歩の自己調整者は自分の情動や周囲の状況に引きずられやすい。

自分を振り返る際には、自己評価、原因帰属、自己反応などの面で違いが見られる。原因帰属とは、ある結果に対する原因を考えるプロセスを指す。上手くいかなかったとき、上達した学習者は自身の不適切な点を見出す。自身の用いた方法に問題があったり、何かが不十分であったりしたと考えるのだ。一方、初歩の自己調整者は、失敗の原因を自身の能力に結びつけて考えることから、自己効力感を低下させ、次への展望を見出せなくなる。

マイ　私は、自分の気持ちに引っ張られたり、周りに影響されたりするところとか、できなかったときに自分の能力のせいにするってところが当てはまってるな。

アンナ　私も自分の気持ちに流されちゃうな。自分を律してひたむきに頑張るのって、根本的で大事なことってわかってはいるけど難しいよね。

生物学のパートでも触れたが、一部例外があったとしても、「教育」を社会的に行うのは人間くらいだ。人はなぜ社会単位で教育することをしてきたのだろうか。

社会学の観点

「社会」に勉強させられる私たち

一つは機能主義によって説明される。つまり、教育は社会の機能を維持するために行うということだ。学校は、社会の一員として必要かつ基礎的な知識や技能、価値観を教育し、社会の一員という意識を身につけさせる場である。これらは社会という集団を維持させるために必要不可欠であるのかもしれない。

また、人的資本論の観点から説明することもできる。教育することは、社会にとってただのコストではなく、利益をもたらすことがあるからだ。学校では、将来働くために必要な知識や技術、態度を身につけることができる。個人が社会で活躍できるように教育することは、結果的に社会にとっても良いことになるのだ。

自分にも良いことがある

アンナ　教育が社会のシステムとして行われているのは、もちろん社会にとってメリットがあるからだろうね。でも、だからといって私自身が学校に行って勉強する理由にはならないような……。

マイ　でも、教育っていうシステムが続いてきたのは、それだけ個人にとっても良いことがあるからじゃない？

一つは、やはり人的資本論で説明ができる。人は、教育を受けることで利益を享受することができるのだ。人は生活するためには職に就いてお金を稼ぐ必要がある。より稼ぎの良い職に就く可能性を高める方法の一つとして、より高レベルな教育を修了することが挙げられる。勉強は大変なことだ。しかし、勉強すると自分に良いことがある。そう思えると頑張れるのではないだろうか。

また、シグナリング理論によっても説明することができる。シグナリングとは、情報をもっている側が、情報をもっていない側へ自分の情報を伝えることをいう。教育を受けることで、自分の他者に対する優越性を示すことができる。心理学でも、人間は優越性を得たいという本質がある点が指摘されていた。高学歴であることで、自分が「有能」である証を得られる。それをモチベーションに頑張っている人もいるだろう。

つまり、勉強するのはこんな人

以上の学術的な議論を踏まえ、勉強する大学生をタイプ分けしてみた。

① より生きやすい環境にしたい

ボランティアなどに参加して、より良い社会にしたいと思っている学生。将来、社会に貢献したいという想いをもって勉強を頑張っているソラは、その一人である。彼らは、自分を高めるべく、勉強に励む。

② 単純に勉強するのが好き

好奇心旺盛な学生。四人の中ではアンナがこれに当てはまる。彼らは、勉強を面白いと感じているので、まるで趣味のように勉強に励む。

③ **目標達成のために勉強が必要**

医者や教員になりたい学生。彼らは、その職に就くという目標を達成して、社会の戦力になれるように勉強に励む。

④ **他人より秀でたい**

良い成績を取ることで自分に自信をもちたい学生。周りと比べてスポーツが苦手で自信をなくし、勉強を頑張ることで自信を取り戻そうと頑張るシオリは、その一人である。彼らは、良い成績や結果を出すべく勉強に励む。

⑤ **勉強を通して、自分の市場価値を高めたい**

より稼ぎの良い企業に就職したり、起業したりしたい学生。彼らは、自分の価値を高めるべく勉強に励む。

私たちは、仮説を「勉強を通してより良いものを提供できる、より大きなことができる自分になる。そうして社会・他者に貢献することが自分の幸せにつながる」としていた。学術的な観点から考えてみると、勉強そのもの自体が幸せという人もいれば、勉強を幸せのプロセスとして捉えている人もいるということがいえるだろう。

参考文献

ＯＥＣＤ教育研究革新センター編著／小泉英明監修、小山麻紀・徳永優子訳（二〇一〇）『脳から見た学習――新しい学習科学の誕生』明石書店。

アルフレッド・アドラー／岸見一郎訳（二〇一四）『子どもの教育』アルテ。

安藤寿康（二〇一八）『なぜヒトは学ぶのか――教育を生物学的に考える』講談社現代新書。

濱中淳子ほか編著（二〇一三）『大衆化する大学：学生の多様化をどうみるか』岩波書店。

善明宣夫ほか編著（二〇一三）『学校教育心理学』福村出版。

四人そろって百人力

異国で奮闘する二人

マイとアンナが日本で頑張る中、シオリとソラも異国で踏ん張っていた。シオリはザンビア、ソラはオーストラリアと派遣先は遠く離れていたが、二人は九時間の時差を乗り越えて、月一回電話で近況報告をし合っていた。

シオリ　もしもし？　調子はどう？

ソラ　元気にしてるよ。

シオリとソラは、これまでゼミや勉強会を積極的に回す役割を担い、必死になっていた。海外でのボランティア活動も、新しい環境でそれなりに忙しく過ごしていたのだが、日本での忙しすぎる日々や勉強会を進める責任の重さから解放され、清々しい気分を味わっていた。

シオリ　こんなに自由な時間があるの、久しぶりじゃない⁉　日本では毎日、授業にバイトに忙しい上に、勉強会やったりゼミの課外活動に参加したり、ずっと軽く溺れてる気分やったのに！

ソラ　確かにそうやね。帰国したら就職活動も本格化してるやろうし、自分と向き合ういい機会やと思う！　ところで、ザンビアの生活はどう？　生活大変じゃない？

シオリ　そうやなあ……。大変な思いをしに来てるから停電とか断水は「開発途上国だから仕方ないか〜」くらいに思えるけど、一番ストレスなのは時間とか責任に対する感覚の違いかなあ。国際機関で働く人ってもっと真面目って思ってたけど、メールは全然返してくれないし、質問してもたらい回しやし、時間どおりに会議は始まらないし……。

ソラ　シオリは日本人の中でも特に時間に厳しいし、責任感も強いタイプだから余計ストレスに感じてしまうのかもね。

シオリ　そうかもなあ。でも聞いて！　この間、ある国の大使館とのイベントの開始時間が三時間も遅れたんやで⁉　各国の在ザンビア大使とか、大使館の職員さんを長時間待たせてるのにハラハラしてるの私だけやってんから！　日本の大使館の職員さんなんか一番最初に来て四時間ぐらい待ってたと思うで。

ソラ　それはハラハラするなあ。仕事はどうなん？　どんなことしてるの？

シオリ　仕事内容は広報活動がメインかな。ＳＤＧｓに関するイベントのポスターを作ったり、ＳＮＳを更新したり、広報用のビデオを編集したり、ホームページに載せる記事を書いたり……。いろいろ忙しくさせてもらって充実してるよ！

ソラ　シオリはそういう分野にもともと興味があったもんなあ。楽しそうで良かった！

シオリ　ソラはどうなん？　オーストラリアでの生活はどんな感じ？

ソラ　オーストラリアは停電も断水もないから、ほとんど日本と同じような生活ができてるかな。観光名所にもいくつか行ったりして、楽しくやってる。

シオリ　それはよかった！　仕事は？　どんなことしてるん？

ソラ　うーん……。皿洗い……。

シオリ　皿洗い⁉　オーストラリアで皿洗いやってんの⁉

ソラ　うーん……。私の派遣先は人道支援に関わる機関やから、事務仕事をいくつか任されるくらいで、専門知識のない学生ができる仕事ってあんまりなくて……。でもせっかく来たし、私だって何かの役に立ちたいと思ってお皿洗いから始めてみてん。

シオリ　そっか……。でもすごいなソラ。ふてくされずにできることからやっていくところ、めっちゃ尊敬する。

ソラ　ありがとう。でももっと積極的に自分ができることを探してやっていこうと思う！　先生も「誰でもできることを、誰もできないくらい真面目にしなさい」っていつも言ってるし。

シオリ　さすがソラ！　半年なんてあっという間やろうし、悔いが残らないようにお互い頑張ろう！　日本の二人も頑張ってるかな？　勉強会、順調に進んでるといいけど。

ソラ　出国する前にちゃんと勉強会の計画表作っていったから大丈夫じゃない？　今の時代インターネットもあるし、勉強会もオンラインで参加できるから心配ないよ！

心配性のシオリは、出発前にソラと半年分の計画表を作って、マイに渡していたのだ。その計画の上では、日本を離れる二人にも勉強会の宿題があり、それをこなしながらオンラインで議論にも参加することになっていた。

オーストラリアに派遣されていたソラは、時差も三時間でインターネット環境も問題がなかったため、計画どおり勉強会に参加することができていた。日本にいるときと変わらず、議事録係を務め、スケジュール調整なども行うことができた。

一方で、ザンビアに派遣されていたシオリは事情が違った。

ザンビアと日本の時差は七時間。時間の調整が非常に難しい。しかも、ザンビアのネット環境はあまり整っておらず、停電も多かった。ザンビアでは電気の供給が安定しておらず、毎日だいたい四時間くらいは停電するのが当たり前で、長いときは一〇時間以上停電してしまう日もある。シオリが住んでいた家のキッチンは電気コンロだったため料理もできず、いつ停電が終わるかわからないからヘタに冷蔵庫も開けられない。裏のスーパーマーケットも停電したら閉まってしまうので、一日中何も食べられない日もあった。そんな厳しい状況にあったため、シオリはなかなか勉強会には参加できなかった。

任期を折り返すころには、月に一度の近況報告での二人の様子もどんどん変わってくる。

シオリ　また停電のせいで参加できなかった……。ちゃんと参加したいのにめちゃくちゃもどかしい!!

ソラ　そうやなあ……。出国前に作った計画表どおりにも進んでないみたいで心配やわ。

シオリ　日中は確かに派遣先の仕事で忙しいけど、終わってからはバイトないし、週末の勉強会もないし、なんか張り合いないわ……。忙しい日々が恋しくなってきた。

ソラ　日本にいたときは早く派遣されて、いったん忙しい毎日から離れたい！って思ってたけど、今となっては早く帰りたいぐらいやんな。

忙しそうにしている他のゼミ生や勉強会を続けるマイとアンナの様子を見て、帰国したい気持ちが募る二人。

シオリ　ザンビアでの経験って、今後の勉強会できっと役に立つと思うねんな。例えば、私がここに来て一番学んだのは、いい意味での「妥協」。どこまで譲れてどこから譲れないか、自分の中の基軸みたいなものを築くことができた。今までは自分一人で焦って突っ走ってしまってたところがあったけど、これからの勉強会ではみんなといいチームプレイができると思う。

ソラ　私も、オーストラリアで身につけた根性は絶対役に立つと思う！　実は、最近お皿洗いからステップアップして、広報の仕事を任されてん！

シオリ　すごいやんソラ！　よかったなあ。

ソラ　任されてる事務仕事とかお皿洗いの合間に広報用のアニメーションを作って、それを上司に見せてみてん。そしたらそれがそのまま事務所のＳＮＳで使われることになって。しかもそのアニメーションの評判がめちゃくちゃ良くて、少しずつ他の仕事ももらえるようになってきた。地道にコツコツ頑張ることや、積極的に自分から働きかけることの大切さを実感してる。

シオリ　マイもアンナも二人で頑張ってくれてるし、半年間も穴開けた分、帰国したらしっかり埋め合わせしないとね！

ソラ　それぞれがこの半年間学んできたことを活かして、もっといい勉強会になったらいいなあ。

そしていよいよ、半年間のボランティア活動を経て、二人は帰ってきた。

ソラ・シオリ　やっと勉強会にちゃんと参加できる！

二人の意気込みは大きかった。

さあ！ 役者は揃った！

マイもアンナも、二人が帰ってきて嬉しかった。

四人が揃わない状態での勉強会を経験して、私たちは初めて気づいた。四人揃って、私たちはやっと完全体。それぞれの性格が、良いチームを構成する上で必要な四タイプに分かれていて、バランスが取れていたのだ。

シオリは、チームをリードしてみんなの士気を高めるプロモーター。

ソラは、常にみんなの期待に応えようとサポートをするサポーター。

アンナは、物事を分析して、みんなを冷静にするアナライザー。

マイは、思いつきで喋って、アイデアを出すアイデアマン。

二人が帰ってきて、勉強会はさらに活気が増した。

マイはストレスが一気に軽減して、体型も元に戻った。

マイ　また、四人揃って、勉強会ができて嬉しい！

マイはみんなが揃ったことの嬉しさで涙がでた。シオリにまたリーダーを任せ、楽しく勉強会に参加できるようになったのである。

しかし、これまでのマイとはひと味違う。以前のマイは、シオリが提案したアイデアに対して真っ先に「えーーー！　やりたくないーー！」と文句を言っていた。やりたくないと言いつつも渋々やってはいたのだが、本当は進んで自主的にやらなければならないことを、マイはこの半年間で身をもって学んだのだった。

そのため、二人が帰ってきてからマイはできるだけやりたくないということは言わなくなった。小さな声で、「はーい」と言うようになったのだ。

さて、四人そろって百人力となった私たち。四年生に上がり、ゼミには後輩が入ってきて、なお一層みんなの心は引き締まっていた。

シオリ　卒業まであと一年。そろそろ本腰入れてやらないと卒業までに本を完成させられへんで！

ソラ　これから就活に卒論に、それぞれ忙しくなるけど最後まで頑張ろうね！

さっそく私たちは、マイとアンナがまとめたアカデミックな観点からの「勉強する理由」に基づき、今度は自分たちを振り返って議論を進めていくことにした。

日本の大学生どんだけアホやねん

大学って意味ある!?

アンナ　本当に仮説どおり、社会に貢献することが自分の幸せにつながるから勉強してる人っているんかな?

マイ　勉強する理由を真剣に考えてる大学生とか絶対いないやろ。私も考えたことないな。

シオリ　勉強する理由かー。私は将来の目標が大卒の資格がないと叶えられないから大学に進学したし、目標のために勉強してるけど……。

ソラ　確かに大学卒業の肩書きが就職に役に立つとはいうよな。

アンナ　でも、そういう学生って卒業できればいいから、とにかく単位だけ取ろうって姿勢で大学に来てない?

マイ　いやあ、単位って卒業の一番大事な条件やからなあ。私も、他の学生に頼んで出席カード書いてもらったことあったかも……。成績も、このゼミ入ろうとするまで気にしたことなかったし。

シオリ　そういう学生によくイライラしてたなー。こっちは真面目に一番前に座って授業受けてるのに、後ろの方でペチャクチャ喋ったり、テスト前に急に連絡してきて大事なとこ聞いてきたり。

マイ　わー！ それ私かもしれん。ごめんなさい～。

アンナ　でもマイは例外じゃなく、そういう学生は本当に多いよね。

怠惰な感情を優先し、よくサボってしまうマイは、いつも何事にも一〇〇％で全力のシオリによく怒られていた。

しかし実際、とにかく卒業するために、単位を取得している学生は非常に多い。

単位を取るためには、出席点の他に、レポート提出、そしてテストに合格することが必要だ。しかし、授業に出席していなくても、友人に出席カードを書いてもらうことができる。授業に出なくても、出席点はもらえるのだ。また、レポートは授業を聞いていなくても、その授業のレジュメを見ればなんとなくで書けることも多い。テストだって、ある程度勉強すれば、良い点数は取れなくても欠点になることはほとんどない。良い成績を取ろうが悪い成績を取ろうが、単位は単位なのだ。

しかし、私たちが大学に進学する意味は、就職のために大卒という肩書きを取得することだけではないはずだ。

小学生より本を読まない大学生

シオリ　大学って、本来は自分の知りたいことや研究したいことを勉強するためにあると思ってたけど、そうじゃないのかな。

マイ　そう言われてみれば私、大学に入ってからちゃんと勉強したかなあ。

アンナ　勉強といえば、本を読むことが思い浮かぶけど、周りを見渡しても本を読んでる学生より、スマホを見てる学生の方が多いような……。
ソラ　テスト前に教科書を読む学生はいても、読書をしてる学生はあんまり見ないような。
マイ　小学校のときは朝の読書の時間とかがあって、みんな読んでたのになあ。
アンナ　中学生のときも朝の読書の時間で本を読む機会があったよ。
シオリ　じゃあ、今より小中学生のときの方がいっぱい本読んでたんじゃない？
マイ　高校生のときも、大学受験のためにいっぱい本を読まなあかんかったし、大学生が一番本を読んでないんじゃない⁉

私たちは気づいた。大学生になってからの方が本を読んでいないのかもしれない。学問を探求していく大学で勉強する学生が、小学校、中学校、高校の生徒よりも、本を読んでいないとしたら、情けない話である。

文系って勉強することあるん？

シオリ　勉強してないといえば、この間、妹に『お姉ちゃんって勉強してるん？文系って勉強することあるん？』って言われてムカついたわー。
ソラ　そういえばシオリの妹って理系の大学生だったよね。
シオリ　そう。理系の大学生ってテスト多いイメージがあるやん？でも、私たちの学部はテストよりレポートとかプレゼンが多いからそう思ったみたい。

マイ　レポートとかプレゼンって、テストと違って正解・不正解が明確じゃないから、勉強の仕方も違ってくるしなあ。

ソラ　人によって答えが違うのが、文系の勉強って感じだよね。

私たち文系学生は、レポートなどで答えのない問題を解く。先生の発言や教科書を丸暗記する必要はなく、授業の要点をきちんと理解しておけば、ある程度の点数が取れてしまう。授業の出席点と、ある程度の点数さえあれば単位が取れる。よく考えてみると、私たち文系は、血を吐くほど勉強をしなくても、大学を卒業することができてしまうのかもしれない。

理系は違うで！

マイ　じゃあ、シオリの妹みたいな理系の学生はどうなんやろ？

シオリ　えー、やっぱり、勉強してるんじゃない？　理系ってなんかメガネかけてガリガリ勉強してる人が多いイメージがある。

まったくもって文系学生の偏見である。

アンナ　理系のテストって、専門知識を問う問題が多くない？
シオリ　確かに。問題を解くのに、専門知識を覚えてないとテストでいい点数取れないやろ。
ソラ　文系の勉強と違って、正解・不正解がはっきりしてるもんな。

理系学生は、テストで専門的な内容を問われる。先生の発言や教科書を丸暗記しなければならないことも多いだろう。専門知識がなければ、実験だってできない。だから、彼らは必要な専門知識を覚えるために勉強をする。その道のプロになるために必死で勉強するのだ。

異なる就職パターン

文系と理系で勉強の仕方が違うことに気づいた私たち。

シオリ　そういえば、文系と理系で就職のパターンって違うよな。
ソラ　そうやね。例えば何があるんやろ？

就職には二つのパターンがある。一つは「ジョブ型」、もう一つは「メンバーシップ型」だ。
ジョブ型は、ある企業が特定のポストに対して、それに必要なスキルや専門知識をもった人を募集する。ジョブ型で雇われた社員は、特定の専門的な業務を担当する。そして、そういった仕事は実力主義である場合が多い。例えば、ある病院が脳外科医のポストを募集しているとする。そのポストに応募すると、仕事内容は脳外科医としての仕事だけ。他の部署に異動することはない。理系や海外に多い就職のパターンである。

メンバーシップ型は、一般的な日本の就職パターンであり、特に文系に多い。ある企業が、専門性よりも人間性を重視し、さまざまな総合力や判断力をもった人材を雇うシステムだ。メンバーシップ型は、一つのポストに所属し続けることはなく、さまざまな部門を回っていくパターンが多い。必要とされているのは、総合力、判断力、コミュニケーション能力などである。このパターンで雇われた社員は、経理部に配属されて何年間か働いた後に、経理部の業務内容とはあまり関係がない人事部に転属する可能性もある。特定のスキルが重視されることは少ないのだ。また、長い間働けば年功序列で昇進が見込める場合が多いことも、メンバーシップ型の特徴だ。

海外の大学はプロ養成所?

ここまでの議論から、理系と文系の間だけでなく、海外と日本でも就職パターンに違いがありそうなことがわかった。そこで私たちは、日本の大学生のことだけではなく、海外の大学生にも着目して議論を進めた。

マイ　文系学生は理系学生よりも勉強してないんじゃないかっていう議論になったけど、海外の大学生はどうなんやろう?

ソラ　海外の大学って、卒業するの難しいって聞いたことない?

アンナ　逆に日本は卒業が簡単っていわれているよね。

シオリ　留学先で出会った現地の学生も必死で勉強してた気がする。卒業が難しいから勉強する必要があったのかも。

ソラ　海外では就職パターンも違うよね。メンバーシップ型が多い日本と違って、文系理系にかかわらずジョブ型が多い。だから、勉強する姿勢は日本の文系学生とはちょっと違うかも。

アンナ　ジョブ型が多いってことは、みんな卒業した時点で、その道の専門家として社会に出るってことか。

マイ　海外の大学はプロフェッショナルを育てる場所だから、卒業が難しいのかもしれない。

海外の大学生は、日本の大学生と勉強に対する姿勢が違うのだろうか。

マイ　詳しいことは、実際に現地の大学で勉強している人たちに聞いてみればいいんじゃない？

シオリ　そうやな！　みんな海外でできた知り合いに聞けばいいな！

幸いにも、私たちは海外経験が比較的豊富である。
マイは、高校までフィリピンで過ごした帰国子女。
アンナはカンボジアで半年間ボランティアをした経験をもつ。
シオリはマレーシアに半年間留学し、ザンビアで半年間ボランティア活動をしていた。
ソラはシンガポールで半年間留学し、オーストラリアで半年間ボランティアとして働いていた。
そして、私たちは三年生のときに研究調査でネパールとミャンマーを訪れている。
私たちはそれぞれの人脈や先輩の力を借りて、海外の学生にアンケート調査を行うことにした。（調査の結果はコラムでご紹介！）

モラトリアム・リゾート　〇〇大学

シオリ　日本の大学生は、自分のやりたい研究や勉強のために大学に来てるのかな？　ただ社会に出るのを先延ばしするために、とりあえず大学に来ているような学生が多い気がするけど。

ソラ　娯楽の延長で留学に行ったり、サークル活動をしたりする学生も少なくないよね。

多くの大学は、授業以外にも留学やボランティア、サークル活動の機会などを提供している。それらの課外活動は就職に有利になるとされ、そういったプログラムをとりあえず消費する学生も多い。

アンナ　日本の大学生は、大学受験から就職までの間の自由時間、モラトリアムを楽しんでいる印象があるな。

マイ　それって、大学が就職モラトリアム学生のためのリゾートみたいになってるってことやんな？　でも、学生も就職するためにいろいろやってるわけやし、仕方がないのかも。

ソラ　とにかく就職のためって、なんか虚しいなあ。

アンナ　確かに就職活動では、成績を見るっていうよりも、そういう課外活動とかの方を評価してるイメージがあるもんね。意欲的に勉強している学生のことも評価してほしいなあ。

大学に期待しない日本の企業

企業はどんな大学生を求めているのだろうか。日本の企業は、採用の際にコミュニケーション能力や主体性を重視する。業務に関連する具体的な知識やスキルは、企業に入ってから研修などで教えることができる。そのため、企業は大学での勉強や学びに対して期待していないのではないだろうか。したがって、企業が期待していないからこそ、就職のために大学に進学する大学生は、大学生活で勉強にあまり時間を割かないのではないだろうか。

しかし、これは先ほどの議論にあった「メンバーシップ型」、つまり文系学生に多い就職パターンでの話である。理系学生は、業務に関連する具体的な知識やスキルがすぐに必要とされる「ジョブ型」の就職パターンに当てはまる。彼らは、卒業後も大学での勉強が必要とされるため、文系学生よりも勉強するのかもしれない。

もしかして専攻によって勉強に対する態度は違う?

私たちは、文系と理系に分けて勉強に対する態度を考えてきた。しかし、よくよく考えてみると、文系の中でも教育学部などは、教員免許の取得のために忙しく勉強している。彼らが勉強する目的は、医学部や看護学部などの国家試験を控えている理系学生と同様である。もしかして、文系理系ではなく、職業に直結していない学部と、職業に直結している学部との間に違いが生じるのではないだろうか。

私たちはそれぞれの二つのグループを「非直結型」と「直結型」と名付けた。「非直結型」は、学部での学びが将来の職業や仕事内容に直結しないグループ。例えば、国際学部や社会学部などを指す。「直結型」は、学部での学びが、卒業後の職業や仕事内容に直結しているグループである。例えば、医学部や看護学部、また、文系でも教育学部はこちらに分類される。

私たちは学生をこの二つのグループに分けて議論を進めることにした。

アンケート調査からは、カンボジア人の勉強に対する姿勢が見えてきました。

協力を依頼した全員が「勉強が好き」、そして「勉強は必要だと思う」と回答しました。ここから、カンボジア人が勉強をいかに大切に思っているかがうかがえます。勉強が必要な理由としては、「知識やスキルを得られるから」、「知識やスキルを得ると良い職を得られるから」と回答した人が多くいました。

教育の重要性を認識していると思われるものの、大学への進学率は15%を下回っています。アンケート調査では、親や先輩から「大学の勉強は将来にあまり関係ない」と聞いたことがあると回答した者が7割を超えていました。世間的に、大学の重要性があまり認識されていないことが、高等教育の普及を阻んでいるのかもしれません。


私はカンボジアのNGOでインターンシップをしていました。現地ではエリートと呼ばれる大学生と触れ合うことが多くありました。国の将来を担う使命感に燃えている姿は、日本の一般的な大学生とは大きく異なっていました。

カンボジアは、かつて教育のすべてが壊されるという悲惨な経験をしました。その経験を乗り越えた社会に生きる人々が教育を大切にしている姿はとても印象的でした。私がインターンシップをしていた機関では、若い職員も多くいました。驚くことに、その中には現役の大学生もいたのです。

カンボジアの大学は、日本の高校のようにクラス制で授業が行われ、時間割も固定されています。そのため、さらに勉強したい人はダブルスクールをしたり、働きながら大学に通ったりしている学生も多いのだそうです。

Cambodia

カンボジア

人口：約 1630 万人（2018 年 IMF 推定値）
面積：約 18.1 万平方キロメートル
言語：カンボジア語（クメール語）
宗教：仏教（一部少数民族はイスラム教）

教育システム

小学校 6 年、中学校 3 年、高校 3 年、大学 4 年で、最初の 9 年間が義務教育です。

校舎・教員の数が不十分であり、多くの学校は 2 部制、もしくは 3 部制で運営されています。

教授言語は公用語のカンボジア語（クメール語）。私立ではグローバル化を見据えて英語で行われていることもあります。

初等教育の純就学率は 90.3％で、中等教育の純就学率は 56.5％、後期中等教育の総就学率は 28.1％、高等教育の総就学率は 13.7％です（それぞれ 2018 年）。

クメール・ルージュによる悲劇

1975 年から 1979 年の間、ポル・ポト政権下で、高学歴の者、教員、識字者など、多くの人が虐殺されました。その数は 100 万人以上ともいわれます。

その結果、カンボジア国内の識字率は著しく低下しました。

1981 年の時点で識字率は僅か 14％。100 万人以上の成人が文字の読み書きをすることができなかったとされます。

ポル・ポト政権の崩壊後、教育制度の再建が図られました。長年の取り組みにより、2015 年時点で成人識字率は 80％を超えています。

オーストラリアの大学を卒業した友人Aさんへのインタビュー調査によると、オーストラリアの大学は一般的な学科なら3年、工学や教育学、医学などの学科なら4～6年で卒業できるカリキュラムになっているそうです。これは、日本の高校にあたる第11、12学年で一般教養を既に学んでいるからで、オーストラリアでは4～5年かけて2つの科目を専攻する学生も多いようでした。また、専門学校（TAFE）を終了することで得られるCertificateやDiplomaといった資格は就職・転職に有利であり、Aさん自身もオンラインで人事に関する専門的なコースを学んでいるそうです。

勉強する理由についてAさんは、「勉強は人としての成長に不可欠なものであると同時に、資格や学位によって人事評価や転職の際に自身の能力をはっきりと示すことができるため」と述べていました。

オーストラリア滞在中、私は現地の大学・専門学校が専門性をかなり重視していることに気づきました。インターンシップ先の同僚によると、文系・理系にかかわらず、大学で学んだことと全く関係のない職種に就く学生は少ないそうです。

一方で、初等教育や中等教育においてはのびのびした雰囲気が特徴的でした。小学4年生の娘さんをもつ同僚によると、オーストラリアではスクールホリデー、いわゆる長期休み中、宿題はほとんどないそうです。学校の授業は椅子に座って先生の話を聞くというよりも、ディスカッションやグループワークが中心らしく、クラブ活動も盛んだといいます。この自由さが勉強に対する意欲を高め、高等教育で専門性を身につけるのに役立っているのかもしれません。

Australia

オーストラリア

人口：約 2565 万人（2020 年 3 月データ）
面積：約 769.2 万平方キロメートル
言語：英語
宗教：キリスト教、無宗教

教育システム

制度は州によって異なりますが、義務教育は準備学級（5-6 歳）、1 年生～ 10 年生（6-7 歳～ 15-16 歳）が対象となっています。

初等教育は第 1 ～第 6 または第 7 学年までで、第 7 または第 8 ～第 10 学年までが中等教育です。

その後、大学や専門学校へ進学を希望する者は高等教育（2 年間）に進学し、専門分野の基礎（一般教養）を学びます。最終学年では、州ごとに実施される統一試験を受験し、高等教育全般の成績と合わせて志望する大学および専門学校への入学の合否が決定されます。

AQF 制度

オーストラリアでは、中学・高校から大学院までの学習段階において共通の資格を付与する、Australian Qualification Framework（AQF）と呼ばれる資格認定制度を導入しています。

異なる教育機関に進学する場合であっても AQF で規定されている資格は有効とされ、単位が認められたり、入学資格が免除されたりします。本制度によって、進路の選択肢が広がり、個々人の特性に合わせた教育が受けられます。

現役大学生にきいてみた

情報は自分たちの足で稼ぐ！

大学の勉強が将来の職業に直結するかどうかで勉強に対する姿勢が異なるのではと疑問に思った私たちは、現役大学生の学習実態を調べるため、アンケート調査を行うことにした。

アンナ　大学での学びが職業に直結しているわけではない学部（非直結型）」のデータは私たちの大学で集めることができるけど、「大学での学びが将来就く職業に直結していると考えられる学部（直結型）」のデータは他の大学や専門学校に行く必要があるよね。

ソラ　それに、関学であってもデータがいくつかの学部に偏るといけないから、他キャンパスにも行かなあかんなあ。

シオリ　えっ！　それって全然知らない人にアンケートお願いするってことやろ！　断られたらどうするん！　声かけるのだって恥ずかしいし、そんなことを自主活動でしてる学生なんて見たことないねんけど。

マイ　まあ、やるしかないやん。みんなで行けば怖くないって！

嫌がるシオリを説得し、覚悟を決めた私たちはアンケート調査員になって、学内・学外でアンケートをお願いして回った。しかし、シオリが予想したとおり、何の権威もない一般の女子大生がアンケートを実施するのはとてつもなく大変だった。

上ケ原キャンパスにて

まずは手始めに私たちがいつも通う上ケ原キャンパスでアンケートを取っていった。

人の集まる学生ラウンジや食堂を訪れ、勇気を出して声をかける。学生ラウンジとは、学生が空きコマや休み時間に集まっておしゃべりしたり、軽食を食べたり、自習をしたりする共用スペース。いろいろな学部からたくさんの学生が集まってくるため、アンケートを取る場所としては最適だ。しかし、空きコマや休み時間をゼミの研究室で過ごすことが多い四人にとっては、あまり身近な場所ではなかった。

マイ　すみません。私たち国際学部の学生なんですが……。

関学生　えっ、なんですか。

まるで不審者を見るような目つきで聞こえていないふりをされたり、まだ声もかけていないのに、近づいただけで離れられたりしたこともあった。初日の私たちは学生たちの怪しむ目が怖くて、終始おどおど、もじもじしていた。

それは食堂でも同じだった。食堂はお昼休みになるといつも超満員。学生ラウンジ同様、いろいろな学部の学生が一気に集まるため、アンケート調査にはもってこいの場所。しかし、国際学部棟近くのコンビニや持参のお弁当で昼食を済ます四人にとっては、ここもあまりなじみがない。

アンナ あの……。私たち国際学部の者でアンケート調査をしているんですが……。

関学生 それ今じゃないとだめなんすか？

できるだけごはんを食べ終えてスマホを触っている学生グループに声をかけるようにしたが、たいてい煙たがられた。半笑いで「よくわかんないんでやめときまーす」と断られ、ショックを受けたシオリは、すぐさま食堂から逃げ出した。

初日に集まったデータ数は一八。一学部二〇人以上のデータを目標にしたのだが、一〇分の一も集まらなかった。不審者のように見られるこの経験を、後一〇回以上も繰り返さないといけないのだ。

アンケート収集におけるエースはマイだ。食堂に行けば迷うことなく声をかけまくる。フレンドリーすぎて、アンケートをお願いするだけにとどまらず、初対面の学生とＬＩＮＥを交換していたこともある。マイの勢いがすごすぎて、一緒にアンケートを収集するメンバーは、自分が全然働いていないように感じてしまう。どんな場所でも、相手が誰でも、マイは物怖じしないのだ。

一方シオリは、アンケート収集は人一倍嫌いだが、責任感も人一倍強い。「食堂はなんかキラキラしてるから無理！」と言い張り、シオリは食堂に行かない代わりに神学部のデータを集める担当になった。神学部生は関学の中でも人数が極端に少ない。一日で五人の神学部生に会えば「何か」が起こるという都市伝説まである。神学部生は関学のレアキャラなのだ。そんなレアキャラに遭遇するため、シオリは授業の合間を縫って毎日神学部棟に足を運んだ。

暗くて狭い神学部棟。噂も相まって不気味に思う学生もいるかもしれないが、シオリにとってはきらびやかな食堂よりも薄暗い神学部棟の方が落ち着いた。シオリは一年生のときに神学部が開講している授業を履修したことがあったため、神学部生が空きコマや休み時間に集まるラウンジのような場所を把握していた。「集まる」といっても、シオリが出会えたのは一日二人ずつ程度。それでも、神学部生からは一人も断られることがなかったので、シオリは毎日ストレスなく神学部棟へ足を運んだ。いつものようにノックして神学部棟のラウンジに入って声をかけると、一人の神学部生がシオリに話しかけてきた。

「一人ずつにきくのは大変でしょうから、前の黒板にアンケートを置いて行ってもいいですよ」

さすが慈悲深い神学部生だ。シオリは感動した。食堂での傷も癒えた。こんな風にして、神学部では五日かけて二三人分のデータを集めることができた。

六月。アンケートを取り始めてから約一ヶ月が経った。就職活動で忙しいアンナとマイに代わって、ソラは体育会のデータを集めに、体育会の部室が集まっている棟でアンケートを取ることにした。

関学の体育会は結構有名だ。しかし、入学当初から勉強に集中してきたソラは、入学当初からスポーツに打ち込む彼らに接する機会があまりなかった。ソラは体育会の棟があることさえ知らず、そこまでたどり着くまでにキャンパス内で三人の学生に道を尋ねた。

たどり着いたのは、食堂奥の長くて薄暗い廊下。壁には試合のポスターや選手たちが勇ましく戦っている姿を切り取った写真が貼られていた。その合間には白いドアがずらりと並び、それぞれ「〇〇部」と太くたくましい字で部名が掲げられていた。

一番手前のドアの前に立ち、ソラは深呼吸した。中から談笑する声が聞こえ、ソラの挙げかけた手が宙をさまよう。「いや、私がやるしかないんだ」と、ソラは意を決してドアをノックした。

ドアを開けると、途端に視線がソラに集まった。中にいたのは筋骨隆々、眼光鋭い男たちだった。

「す、す、す、す、すみません」

と、人生最大級に言葉が詰まったが、ソラにはそんなことを気にしている余裕はなかった。私は怪しいものじゃない、と精いっぱいの笑顔を見せながら、ソラは身振り手振りで事情を説明した。怪訝そうな顔をしていた彼らだったが、ソラがアンケートを取りに来たと知ると、

「いいっすよ」

と、二つ返事どころか一つ返事で応えてくれた。ソラはほっと一息つき、部室を後にしたのだった。

しかし、緊張し過ぎたのか、ソラは何のスポーツの部室を尋ねたのか全く覚えていない。

三田キャンパスにて

関学の全学部データを集めきるには、上ケ原キャンパスだけでは足りない。上ケ原キャンパスから離れること、バスで一時間以上の三田キャンパスには、理工学部と総合政策学部がある。

もちろん、三田キャンパスへの遠征は、誰も気乗りしない。そんな中、アンナは自分が行くしかないと心に決めた。県外から通うシオリ、マイ、ソラとは違って、アンナは比較的家から三田キャンパスまでが近い。それでも一時間ほどかかるのだが、みんなそれぞれに頑張っているのに、アンナ一人泣き言を言ってはいられなかった。そして、やると決めたら、運命を受け入れて楽しい思い出にするのがアンナの流儀だ。

「ほんまにいいん?」

と心配する三人に、

「任せて！大学にいる間に、一度は行ってみたかってん！」

と、アンナは意気揚々と三田市へ向かったのだった。

ちなみに、三田は「ミタ」ではない。兵庫県では「サンダ」と読む。

同じ関学でも、上ケ原キャンパスと三田キャンパスは大きく違うといわれている。どちらも日本一と謳われるキャンパスの美しさは変わらない。しかし、キャンパスの中や、キャンパス周辺の便利さ、オシャレさには違いがある。

上ケ原キャンパスには、食堂以外に、松屋、ケンタッキー、スターバックスコーヒー、セブン-イレブンがある。それだけでなく、正直なところ学生にはあまり縁のない、レストランの神戸屋やステーキ店の三田屋まである。そして、キャンパスのある西宮市は、関西で住みたい街ランキング一位の常連だ。ショッピングモールやオシャレなカフェがたくさんあることはもちろん、神戸や大阪の中心地・梅田にも簡単に遊びに行ける。

一方で、三田キャンパスは緑に囲まれた静かなキャンパスだ。キャンパス内に、学生生協のショップや食堂以外のチェーン店はない。周囲には、山と田んぼが広がる。新興住宅地があるものの、近場にティータイムを楽しめる場はありそうにない。

さて、アンナは最寄り駅に着くと、唯一の手段であるバスに乗り込み、いざキャンパスへと向かった。最寄り駅までも遠いのに、そこからも長くかかると噂には聞いていた。しかし、一向にキャンパスが現れる気配はない。アンナは乗り過ごしてしまったのかと、何度もスマホを確認した。

するると、いきなり視界が開け、アンナの目の前には威風堂々としたバスロータリーが登場した。その立派さに、アンナは一瞬、テーマパークに来たのかと錯覚に陥った。ロータリーには何台ものバスが停まっていて、学生の波がキャンパスへと流れ込んでいた。アンナはバスから降り立つと、当てもないが、勝手知った顔で歩いた。きょろきょろしていると、きっと初めて上京した田舎者みたいに思われるに違いない。そんなアンナのつまらないプライドは、五〇メートル先までしか続かなかった。当てがないものだから、分かれ道で立ち止まることとなったのだ。

さて、どこへいったらよいものか、アンナには見当がつかなかったが、探検しながら学生に声をかけていくことにした。

三田の学生さんたちは、「そのためにわざわざここまで来たんですか?」と、驚きながらも協力してくれた。しかし、その割にあまり数は集まらなかった。それもそのはず。キャンパスにはあまり学生がいなかったのだ。アンナは心細くなって、三人にLINEした。

「いま三田キャンパス来てるよ!」

「全然人おらん(涙)」

三人とも忙しかったのか、既読はつかなかった。しかし、アンナはLINEで実況を続けながら声をかけ回った。気づけば、アンナは自分の居場所を見失っていた。

「迷子になった(涙)」

まだ既読はつかない。

その後、何とか自力でバス乗り場までたどり着き、アンナの初めての三田キャンパスツアーは幕を閉じた。滞在時間一時間で集められたのは、たった一〇人分であった。もう一度来ないといけないなと思いつつ、それでもアンナはちょっとした満足感を感じていた。

翌週、アンナは再び三田キャンパスを訪れた。今度はシオリも一緒だ。

シオリにとっては、初めての三田キャンパスだ。道中、窓から見える風景がどこまで行っても山なことに、シオリは衝撃を受けた。

視力が良くなるほど緑を見た後、二人はさっそくアンケート調査を開始する。

アンナ あのチェックシャツの人は真面目そう。協力してくれるかも！

シオリ いや、向こうの眼鏡の男子の方が優しそうな顔つきをしてる気がする。

そんな風にして、勝手知らない三田キャンパスで、できるだけ優しそうで真面目そうな学生を探し回る。一時間ほど声をかけて回ると、総合政策学部のデータは十分に集まってきたものの、なかなか理工学部のデータが集まらない。

アンナ これは理工学部棟の教室に行って直接お願いする必要があるかもね。

シオリ はあ……。仕方ないか。じゃあ、じゃんけんで勝った方はアンケート配る係で、負けた方が教卓の前で呼びかけることにしようや。

アンナ・シオリ 最初はグー！　じゃんけんぽん！

一世一代の大勝負の結果、アンナが教卓の前に立って、教室にいる四〇人ほどの理工学部生に声をかけることになった。アンナが「すみません」と言った途端に冷ややかな視線が集まる。どうやら授業前は課題の確認で忙しかったようだ。シオリは忍者のように素早く、己の気配を消しながらアンケートを配布していく。アンケートが後ろの席まで回ったことを確認し、二人はすぐに理工学部棟から脱出した。その後も、二人はキャンパス内を歩き回っては学生に声をかけ、一日で三七人分のデータを集めることができた。

キャンパス内を歩いていると、ケバブを販売しているキッチンカーを見つけた。正直、ケバブを一〇〇本ご馳走してもらってもいいくらいの働きをしたと思うが、残念ながらご馳走してくれるような人は誰もいない。仕方がないので、自分たちでご褒美に購入した。達成感も相まって、ここ最近で一番美味しいランチだった。

三田キャンパスに到着してから約三時間。ようやくデータを集め終わり、家路につくことができた。新三田駅に向かうためにバスを待つ。良かった。バス停の表示によると、後一五分くらいでバスが来るようだ。疲れはあったものの、今日の思い出話に花が咲く。おしゃべりに夢中になっていると、気づけば三〇分以上が経っていた。

シオリ　全然バス来ないやん。遅れてるんかなあ?

アンナ　ちょっと遅すぎるよね。……あっ!!　バス停間違えてる!

駅に向かうバス停は、校舎の反対側だった。痛恨のミスである。慌てて正しいバス停に向かうが次のバスは約一時間後。一気に体力が削られた。口数も少なくなり、二人は、「早く帰りたい。早く帰りたい」と心の中で念仏のように唱え続け、バスを待った。三田キャンパスのおかげで少しは忍耐強くなったかもしれない。

聖和キャンパスにて

教育学部のある聖和キャンパスにアンケートを取りに行く係はマイとシオリだった。

聖和キャンパスは、四人が所属する国際学部のある上ケ原キャンパスの近くに位置するが、大阪から通っているマイとシオリにとっては結構遠い。

しかも、授業にバイトに忙しい二人のスケジュールはなかなか合わない。しかし、勉強会の進み具合を考えれば、一刻も早くデータを集め終わらなければならなかった。

なんとかスケジュールを調整し、授業の合間を縫って行くことにした二人。

しかし、聖和キャンパスに行くことになっていた日の前日、マイからシオリに電話がかかってきた。

マイ　ごめんシオリ。風邪引いてしまったから明日は行けそうにない……。

シオリ　えぇ⁉

人間誰でも具合が悪い日もある。風邪で弱っている人を責めてはいけないと心を必死に落ち着かせるシオリ。

マイ　申し訳ないから、明日はシオリ行かなくていいよ。風邪が治ったら、責任もってマイが一人で行くから。

シオリ　風邪が治ってからっていつよ⁉ 勉強会の進み具合とか考えたら明日がもう最後のチャンスやったと思うけど？

マイ　来週ぐらいに行こうと思ってたけど……。

シオリ　データを使って勉強会するのが今週末やのに、来週データ取りに行ってたら遅いやん！　いいよ、私一人で行くから。

マイ　ほんまに一人では行かんといて！　私が来週行くから！

シオリ　だから来週やったら遅いって言ってるやん！

マイ　だってシオリがアンケート取りに行くのめっちゃ苦手なん知ってるもん。一人で行ってしんどい思いさせたくないんやもん。

マイは申し訳なさのあまり泣き出してしまう。

シオリ　なんで泣くん！　風邪引いてるならおとなしく寝といて！　一人でアンケート取りに行くのは嫌やけど、そんな個人的な理由でみんなが参加する勉強会のペースが遅れることの方がもっと嫌やわ。

マイ　いつも迷惑かけてばっかりで申し訳ない……。嫌いにならんといてなあ……。

シオリ　こんなんで嫌いになると思われてることが余計腹立つんやけど。

マイ　ごめん……。でも気がおさまらないから、代わりにシオリがやるはずやったデータ整理をやらせて。

シオリ　もうわかったから泣き止んではやく寝て！

せっかちなシオリとマイペースなマイ。

二人は普段とても仲がいいが、たびたびこういった小競り合いをする仲でもある。

こうして、シオリは苦手なアンケート調査に一人で向かうこととなった。
聖和キャンパスは、上ケ原キャンパスから歩いて一五分ほどの場所に位置している。
電話ではマイに啖呵を切ったものの、やっぱり一人でアンケートを取りに行くのが怖くなったシオリは、アンナに聖和キャンパスまでついてきてもらうことにした。
初めて踏み入れた聖和キャンパス。隣には幼稚園があり、楽しそうな子どもたちの笑い声が聞こえる。

シオリ ごめんな、ついてきてもらって。どうしても一人だと怖くて……。
アンナ たまたま空きコマで暇やったから全然大丈夫やで！　聖和キャンパスって思ったよりおしゃれやなあ。

聖和キャンパスは教育学部の学生しかいないので、上ケ原キャンパスよりもこぢんまりしている。

シオリ あれ見て！　ワゴンの移動販売カフェなんかもあるやん！　いいなあ。
アンナ どんなメニューがあるんか見に行ってみよっか！

シオリとアンナは移動販売のワゴンの方へ歩いて行った。すると、アンナが知り合いを見つけて駆け寄って行った。

アンナ 久しぶり！　今ちょっと教育学部の学生にアンケート取りたくて聖和キャンパスに来てるんやけど、協力してくれない？

さっそく、アンナのおかげで二人分のアンケートを集めることができた。

アンナにばかり頼っていられないと奮起したシオリは、上ケ原にもある学生ラウンジに入ってアンケート用紙を配り始めた。しかし、「ここでアンケートを取るのは禁止なので止めていただけますか？」とラウンジの管理人さんに言われてしまい、一分も経たないうちに撤退。勢いを失ったシオリは、アンナに励まされながら授業終わりの学生たちに地道に声をかけていった。

アンナが次の授業のため上ケ原キャンパスに戻らなければならない時間になり、この日は終了。頑張ったが、目標の半分ちょっとくらいしか集めることができなかった。

次の日、シオリは再び重い腰を上げ、今度は一人で聖和キャンパスに乗り込んでいった。もうラウンジなどに入って注意されるのは嫌だったので、昨日のように地道に声をかけていく。

すると、一人の男子学生がシオリに声をかけてきた。

男子学生　昨日もアンケート取ってましたよね？　また今日もですか？　大変ですね。
シオリ　そうなんです……。まだ半分ぐらいしか集まってなくて。ラウンジではアンケート取ったらいけないらしいので、地道にやってます。
男子学生　僕の友達にＬＩＮＥとかで広めてみましょうか？　ちょっとは足しになるかも。
シオリ　本当ですか⁉　めっちゃ助かります……。

こうして、男子学生のサポートもありながら、なんとか目標の数を集めることができた。

一人で心細そうなシオリを助けた心優しいヒーロー。あの男子学生は、将来素敵な教員に絶対なる！

関学をとびだして……

関学内でもこんな状況なのだから、学外なんてもっと悲惨だ。
十一月。マイとソラは大阪駅付近のとある専門学校に向かった。学校内には入れないため、事前にホームページで時間割を調べあげ、学生が学校の外に出てくる時間を見計らう。誰にでもフレンドリーなマイが特攻隊長だ。

マイ　すみません。私たち関西学院大学国際学部の学生で……。
専門学生A　僕たち今忙しいんで無理で～す。
専門学生B　なあ、お前がやれって。俺はちょっとパス。

とからかわれ、断られる。我らがエース、マイでもこれは辛い。声をかけるたびに胸をチクチクと刺されるようだった。しかし、マイもタダでは終わらない。

マイ　後一五グループに声かけたら、私の好きなちょっと高級なうどん屋さんに行こう。それなら頑張れる。

ご褒美作戦で自分とソラのモチベーションを上げていく。こうして、後半はほぼうどんのことしか頭になかったが、専門学生二四人分のアンケートを取り終えた。
ちなみに、ソラは真冬に寒空の下で喉を酷使したせいか、家に帰ると約五年ぶりに体調を崩して熱を出した。散々すぎる。

別の日、マイとシオリは直結型のデータをさらに集めるために、薬学部のある兵庫の某大学へ赴いた。ここでも許可を事前に取っていたわけではなかったので、アンケートを取ってもよいか事務室で確認することにした。許可をもらえたことはありがたかったが、職員さんに「うちの大学生は関学生みたいにうろうろしてないんで」と言われて腹が立った。

あまりにも断られ続け、なかなかノルマが終わらずに焦る二人。実はちょうどこのとき、卒業論文の提出期限が来週に迫っていたのだ。

せっかちなシオリはほとんど終わりかけだったが、マイペースなマイはまだ書き始めたばかり。

マイ　はやく帰って卒論書かないと～！

シオリ　そうやなあ。寒いし早く帰りたい……。

しかし、焦って適当に声をかけても断られてしまい効率が悪い。

シオリ　早く帰りたいけど、ちゃんと真剣にやろう。逆に時間がかかってしまうと思う。

マイ　シオリはもうほとんど終わってるからそんなん言えるんやん！　マイなんか、ついこの間、構想が出来上がったところやねんで！

シオリ　それは自業自得やん！　今日アンケート取ることはもっと前から決まってたことやろ。

マイ　確かにそうやねんけど……。来週までに完成させるとか絶対無理！　帰りたい。

シオリ　もうちょっと粘って頑張ろうや！　卒論手伝ってあげるからさ！

マイ　……ほんまに？　約束やで！　じゃあもうちょっと頑張る！

シオリはこのとき、この約束のせいで卒論提出日まで毎日、マイと深夜まで電話する羽目になるとは思ってもいなかった。

この日は、最終的に二六人分のデータを集めることができた。

こうして、あちらこちらでカッチカチに鍛え上げられた鋼のメンタルのおかげで（？）、私たちは合計四〇三人分のデータを集めた。声をかけた人数はその三倍を優に超えるだろう。

アンケートってこんな感じ！

汗と涙の結晶ともいえるアンケート結果を分析する前に、まずは、アンケートの質問内容を紹介する。アンケートを作る際には、似たようなものがあるか先行研究に当たった方がよいという闕谷先生からの助言があった。そこで、文科省でも採用されている、ＯＥＣＤ生徒の学習到達度調査（Programme for International Student Assessment, PISA）と国際数学・理科教育動向調査（Trends in International Mathematics and Science Study, TIMSS）を参考にして内容を考えた。

私たちが作成した質問項目は次のとおり。

- 生年月日
- 性別
- 学部、学科
- 学年
- 成績
- 勉強が好きかどうか
- 勉強が必要だと思うか
- 勉強が必要だと思う理由
- 一週間の机上での勉強時間（大学・専門学校での授業を除く）
- 一ヶ月で小説／実用書／専門書／漫画を読む量
- 一日にネットサーフィン・ＳＮＳ・動画視聴にかける時間
- 大学・専門学校に進学した目的
- 学生生活で重点を置いているもの
- 学生生活で重点を置いている活動から得ているもの
- 将来の希望職種
- 親や先輩から「大学の勉強は将来とあまり関係ない」という話を聞いたことがあるか
- 普段から、知識や技術を活用して、思考力や判断力を鍛えるトレーニングをしているか
- トレーニングをしているなら、どんな方法で行っているか
- そのトレーニングは何のために行っているか

では、直結型、非直結型に分けてアンケートの結果を見ていこう。

※1
【直結型】将来就く職業が、大学の学びとつながっている学部の学生
例：医学部、看護学部、薬学部、教育学部、専門学生
【非直結型】将来就く職業と大学での学びが、必ずしもつながっているわけではない学部の学生
例：教育学部を除いた一般文系学部
※2
理工学部は理系学部であり、当初直結型としてアンケート調査を行っていた。しかし、アンケート内容を分析したところ、非直結型的な回答が多く見られた。理工学部を含めると分析が複雑化してしまったため、今回の調査では直結型にも非直結型にも含めないこととする。左記グラフを構成するのは非直結型二一九人、直結型一四七人の合計三六六人のデータである。

直結VS非直結 アンケート結果発表！

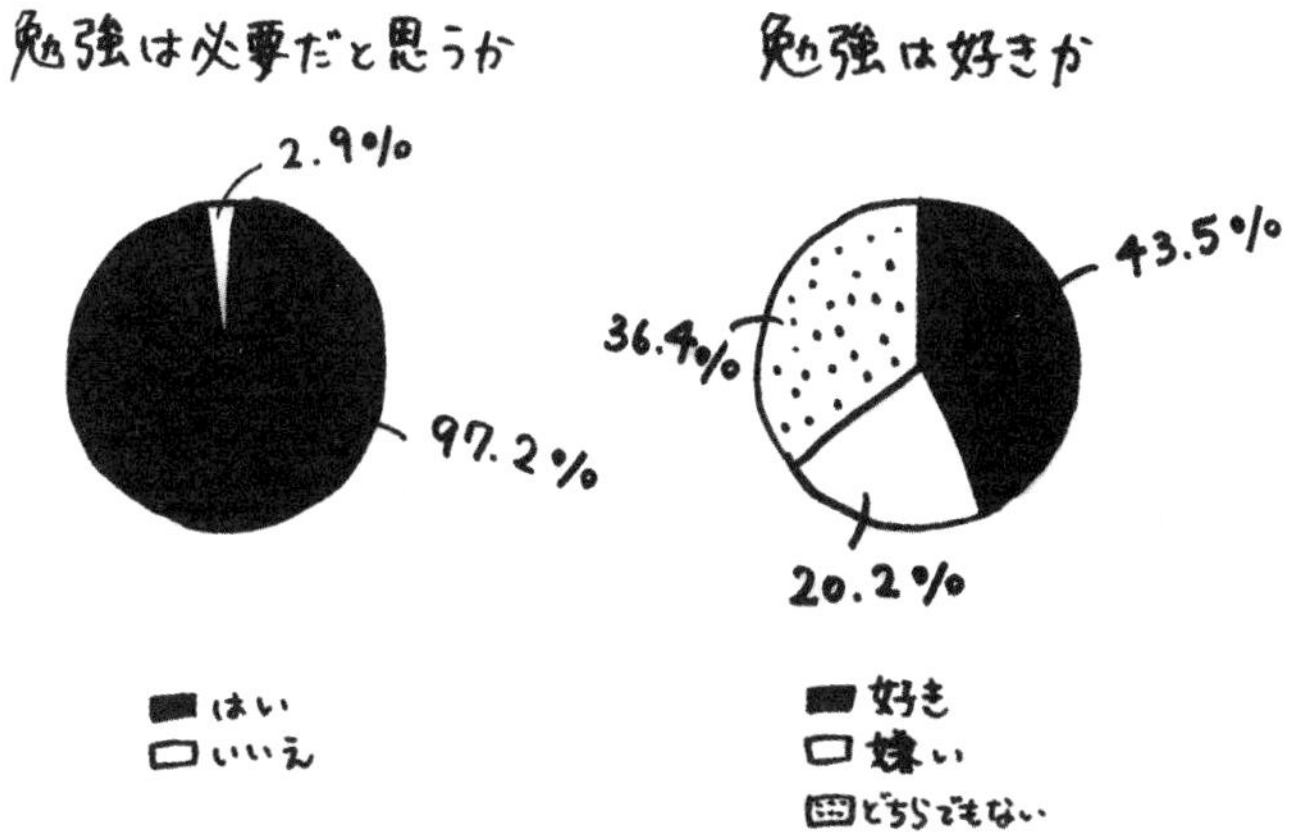

「あなたは勉強が好きですか」という質問に対しては、直結型・非直結型でほぼ差がなかった。そのため、グラフは両グループの平均値を示している。どちらのグループも約 40％の学生が勉強を好きだと感じているようだ。また、「あなたは勉強が必要だと思いますか」という質問に対しての回答も、直結型・非直結型にほぼ差はなく、どちらのグループも 95％以上の学生が勉強は必要であると考えていることがわかった。

マイ　勉強が好きな人って結構いるんやなあ。嫌いな人の方が多いと思ってた。

アンナ　もっと半々くらいに分かれると思っていたけど、どっちでもない人も多いね。

シオリ　非直結型の学生の中には、文系の勉強は好きでも、理系の勉強は嫌いっていう人もいるかも。そういう人は、「どちらでもない」って答えているかもね。

ソラ　好き嫌いは少し割れるけど、勉強が必要だと思っているのはほぼ全員やね。

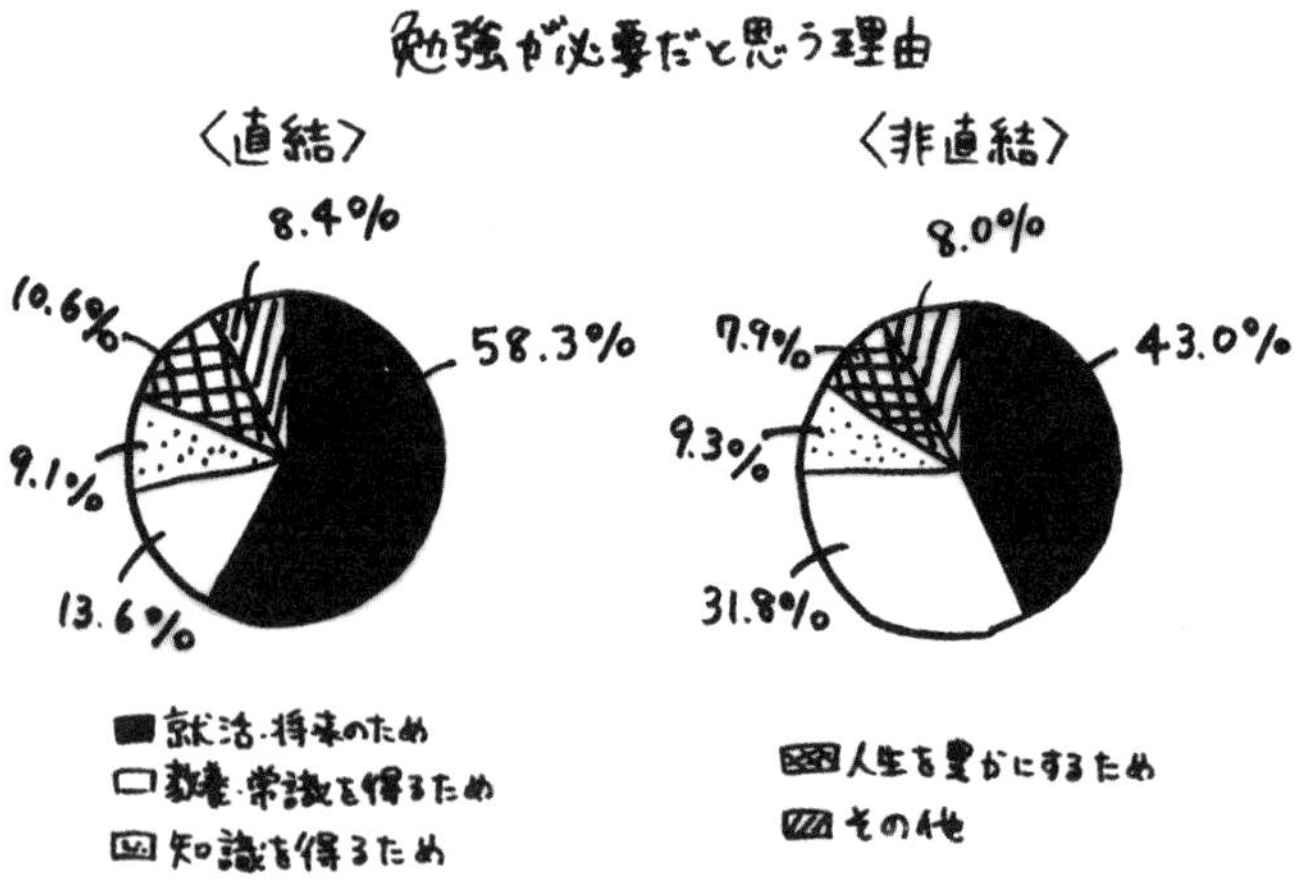

勉強が必要だと思う理由は各グループで少し異なっていた。自由回答をいくつかのカテゴリーに分類した結果、両グループで最も多かったのは「就活・将来のため」という回答だった。しかし、直結型ではこの回答が過半数を占めているのに対し、非直結型では約 40%にとどまっている。また、非直結型では「教養・常識を得るため」という回答の割合が直結型よりも高く、その差は 15 ポイント以上である。その他の回答としては、「知識は大事だから」「人生をより豊かにするため」「自己の成長のため」などが挙げられていた。

直結型と非直結型の間には統計的に有意差が認められた。($X^2 = 15.02$, $df = 3$, $P < 0.01$)

ソラ　直結型の方が、就職のために勉強が必要だと考えている割合が高いのは予想どおりの結果やね。直結型は、大学での勉強が将来の進路に直結してるから。

アンナ　直結型の勉強は専門知識の習得がメインっぽいもんね。一方で非直結型は、直結型よりも教養や知識を重視しているみたい。

シオリ　リベラルアーツってまさに教養や知識を重点的に学ぶことやから、これも予想の範囲内やね。

マイ　このアンケートは大学生を対象にしてるから、彼らが大学で勉強する理由にも通じるところがありそう。

ソラ　非直結型も直結型も、勉強時間めっちゃ少ないやん!!

マイ　でも、直結型の方が長い時間勉強する学生の割合が高いんや。

シオリ　やっぱり医療系の学部の人はめちゃくちゃ勉強するんじゃない？

アンナ　逆に非直結型で七時間以上勉強する人ってどんな人なんやろう。七時間以上なんて、受験勉強以来やってないわ……。

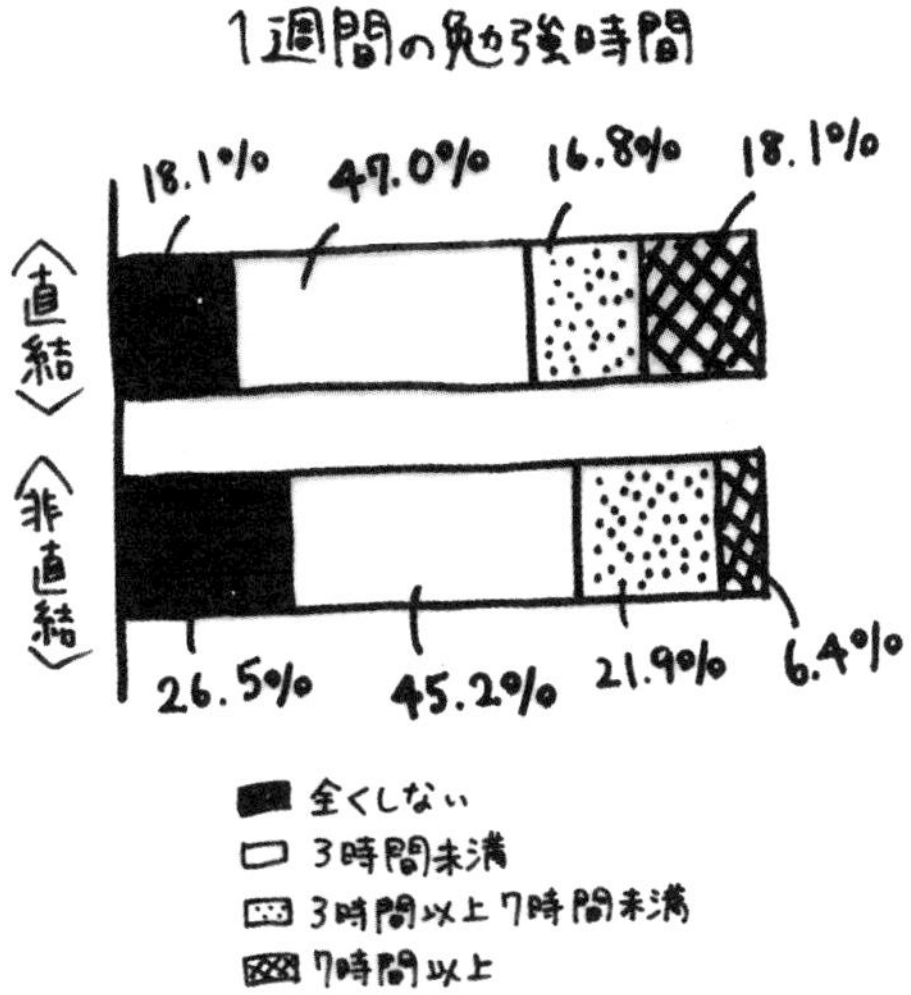

1週間の勉強時間を比べると、直結型・非直結型で差が見られた。全く勉強しない学生の割合は非直結型の方が約8ポイント大きく、1週間に7時間以上勉強する学生の割合は直結型の方が10ポイント以上大きかったのだ。しかし、勉強時間が3時間未満、あるいは全くしない学生の割合はどちらのグループも60%を超えており、2つのグループに大差は見られなかった。このことから、両グループともに全体の半数以上の学生が1週間に3時間未満、つまり1日に30分未満しか勉強していないということがわかった。

直結型と非直結型の間には統計的に有意差が認められた。 $(X^2 = 7.88, df = 3, P < 0.05)$

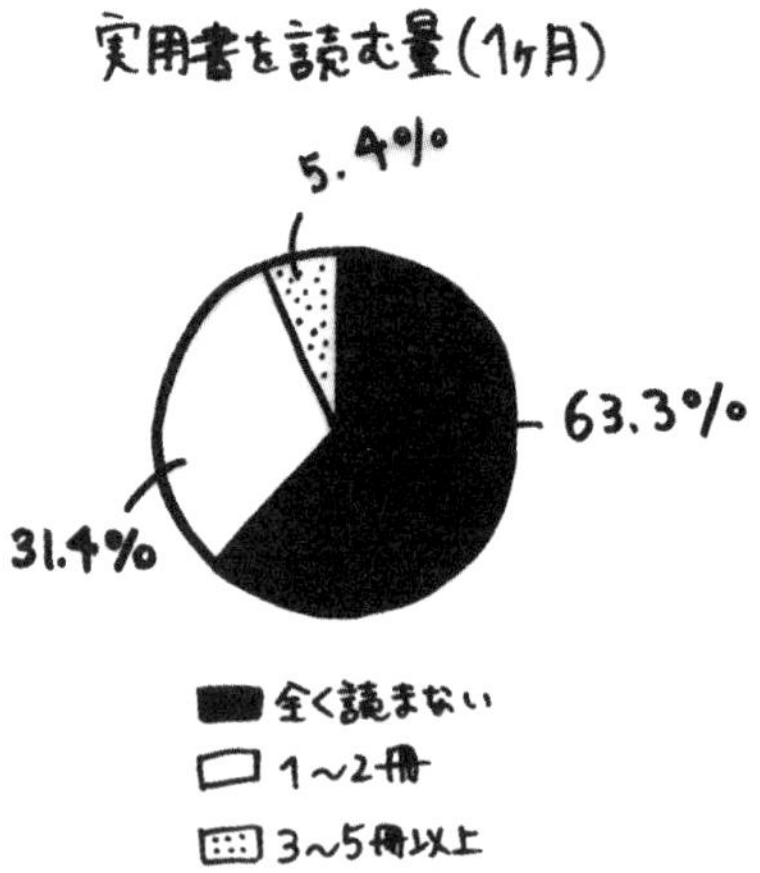

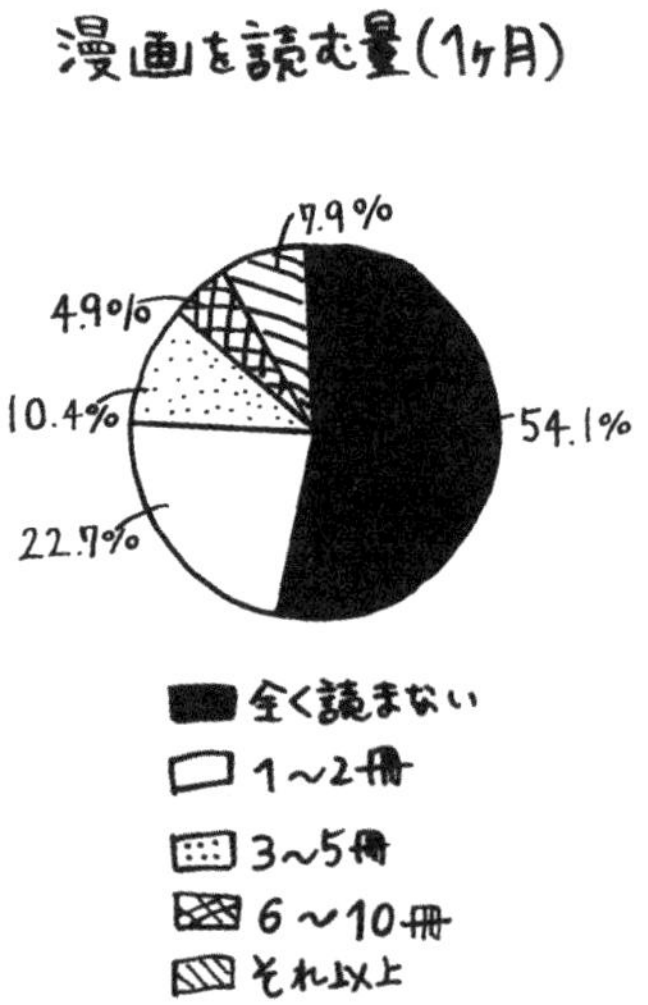

1ヶ月の読書量（小説・実用書・専門書・漫画）について質問したところ、どの種類の本についても直結型・非直結型で大差は見られなかった。（上記のグラフは両グループの実用書の読書量の平均値を示している）

ただし、漫画については1ヶ月に6冊以上読む学生の割合が他の種類の本に比べて少し高く、どちらのグループでも10%以上の学生が漫画を6冊以上読んでいた。（上記のグラフは両グループの漫画の読書量の平均値を示している）

アンナ 大学生は小学生より本を読まないっていうのが見事に表れてるね。

ソラ でも漫画の読書量が一番多いんやな……。情けない！

マイ この結果見たら、私、結構本読んでる方かも……。

シオリ 本いっぱい読んでる割に卒論の誤字脱字めちゃくちゃやったけどな。

マイ　直結型の人の方が勉強で忙しいイメージがあったから、インターネットに触れる時間も短いと思ってたな。だけど、そんなわけでもないみたいやな。

アンナ　一日の使用時間が一時間未満の人って今時すごく珍しいと思う。私も短い方だと思うけど、一日一時間未満になることはほとんどないかなあ。

ソラ　最近は、ＳＮＳで情報収集したり、YouTubeの動画で勉強したりすることも多いから、インターネットが必ずしも勉強の邪魔になるとは限らないと思うな。有効に使えば、めちゃくちゃ便利な学習ツールやもん。

シオリ　でも休憩中に関係ない動画とか見ちゃって、あっという間に時間が経ってることもあるから、使い方には気をつけないとな……。

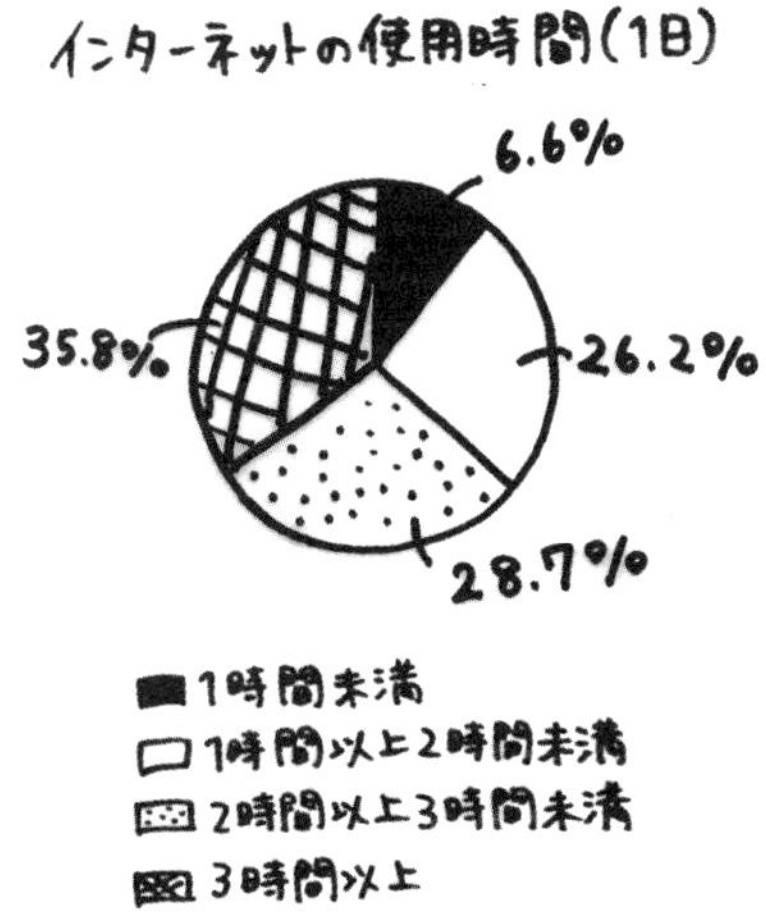

インターネットの使用時間についても２グループ間で大きな差はない。ともに１日にインターネットを使用する時間が１時間未満である割合が最も少なく、3時間以上使用する割合が最も多かった。さらに、60%以上の学生が１日に２時間以上インターネットを使用していることがわかった。（グラフは両グループの平均値を示している）

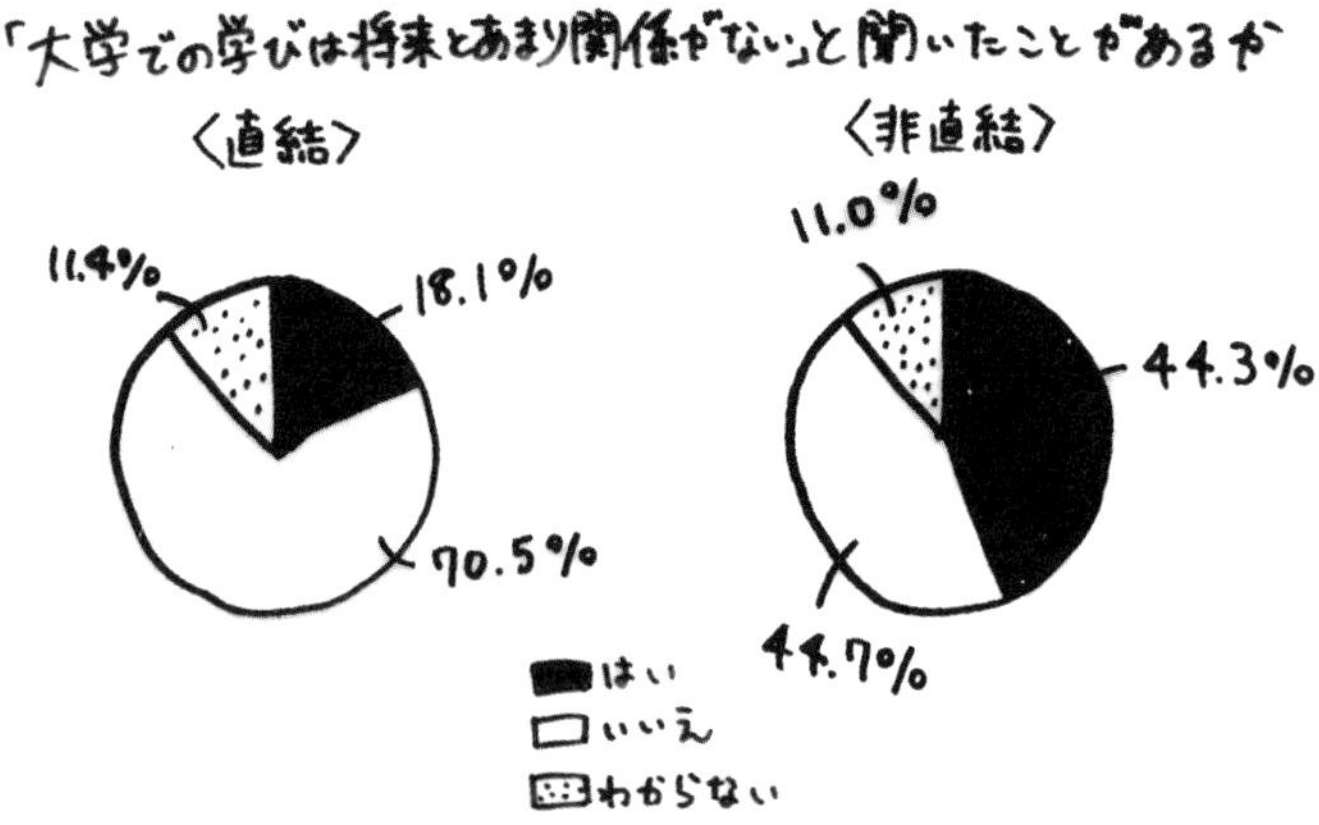

「大学での学びは将来とあまり関係がないと聞いたことがあるか」という質問に対しての回答では、直結型・非直結型で大きな差が見られた。非直結型は直結型に比べて、聞いたことがある割合が 25 ポイント以上も高く、その差は 2 倍以上であった。聞いたことがない割合に関しても、直結型は 70%以上を占めているが、非直結型は過半数を切っている。

直結型と非直結型の間には統計的な有意差が認められた。$(X^2 = 28.67, df = 2, P < 0.01)$

シオリ　これよく言われるけど、めっちゃくちゃ腹立つ！　じゃあなんで大学行かせたがるん？　って思うわ。

ソラ　大学の成績よりもアルバイトの経験とかの方が就職活動で大切になってくるって聞いたことあるし、大学はとりあえず卒業できたらいいって感じなんかな。

アンナ　やっぱり直結型は大学での勉強が卒業後の進路につながっているイメージが強いから、周りもあんまりそういうことを言わないのかもしれないね。

マイ　改めて考えてみたら、この質問ってめっちゃ難しくない？

シオリ　確かに。思考力や判断力を養うトレーニングしてるかどうかなんて考えたことなんかないもんなあ。

アンナ　実践的な活動や主体的にコミュニケーションを取ることが必要だとわかってるけど、能動的に思考力や判断力を養うトレーニングしようって思ってる人は少なそう。

ソラ　じゃあこの結果は、トレーニングの有無ってよりかは、この質問をされたときに「はい」「いいえ」と答える割合って考えた方がいいかもしれないね。

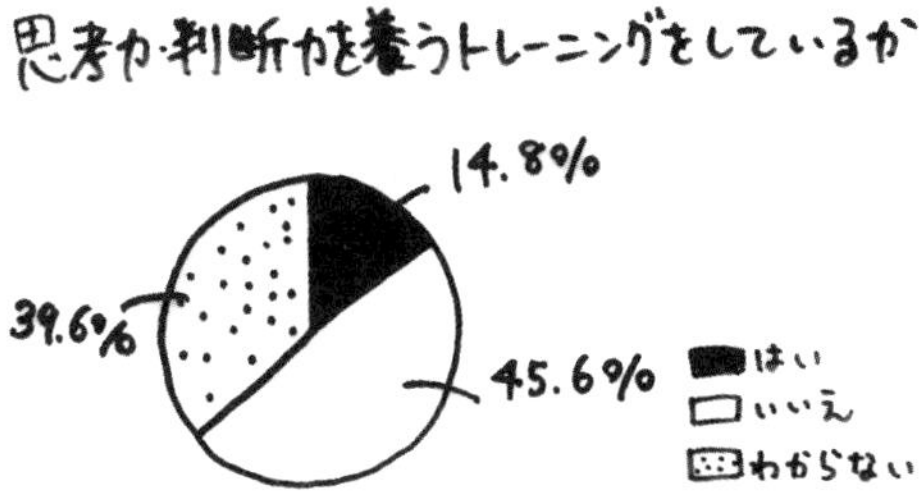

思考力・判断力を養うトレーニング方法

実習（直結型のみ）・課外活動 45.8%
人とコミュニケーションを取る 17.2%
考察する 14.4%
習得した知識の応用（直結型のみ）11.1%
読書 5.8%
文章化してアウトプットする 5.8%
その他 5.8%

「思考力・判断力を鍛えるトレーニングを行っていますか」という質問に対しては、直結型・非直結型の両グループともに約 15%の学生がトレーニングをしていると回答した。（グラフは両グループの平均値を示している）トレーニング方法に関しては、両グループともに「他者とのコミュニケーション」という回答が多かったが、他にも非直結型では「課外活動」、直結型では「実習」といった特徴的な回答も見られた。

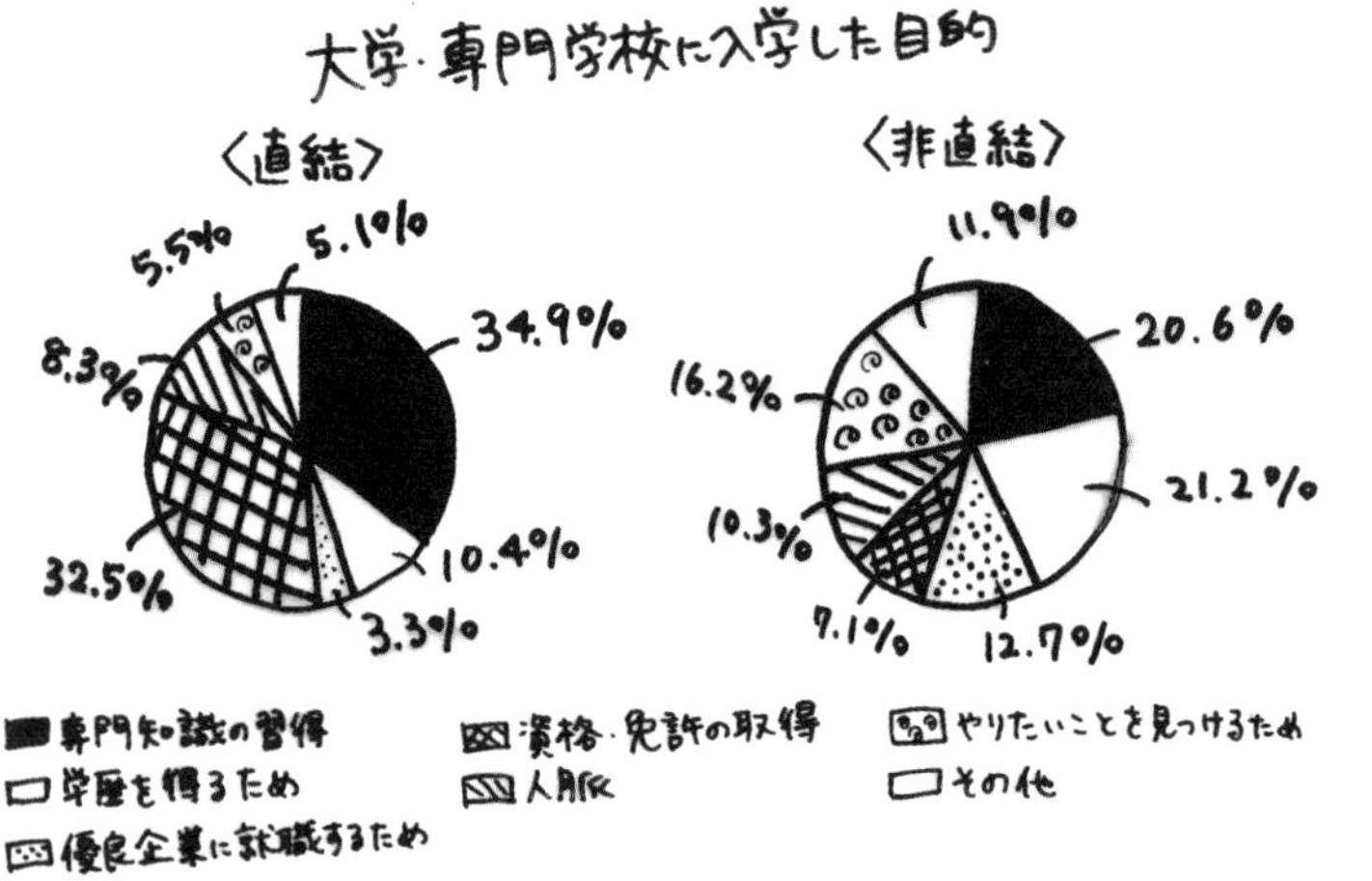

直結型・非直結型で、大学・専門学校に入学した目的は大きく異なることがわかった。直結型で最も多かった回答は「専門知識の習得のため」（34.9%）で、回答の４分の１以上を占めている。一方、非直結型で最も多かった回答は「学歴を得るため」であった。また、両者で大きく差が見られた回答は「資格・免許の取得」（25.4 ポイント差）「やりたいことを見つけるため」（10.7 ポイント差）「優良企業への就職」（9.4 ポイント差）である。

直結型と非直結型の間には統計的な有意差が認められた。$(X^2 = 67.53, df = 6, P < 0.01)$

ソラ　予想どおり、直結型の学生は将来の進路に向けて一直線に進んでいる感じで、非直結型はどういう道に進むのか大学で探していく傾向にあるのかも。

マイ　そういえば、非直結型の学生って、高校の進路選択の時点では、どの学部かより、どの大学かによりこだわっているイメージがあるな。

シオリ　資格や免許を取得しない分、大学名で企業受けを意識している部分があるんじゃないかな。

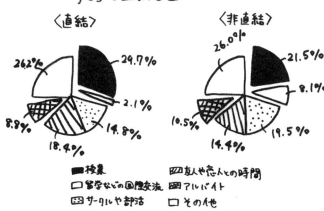

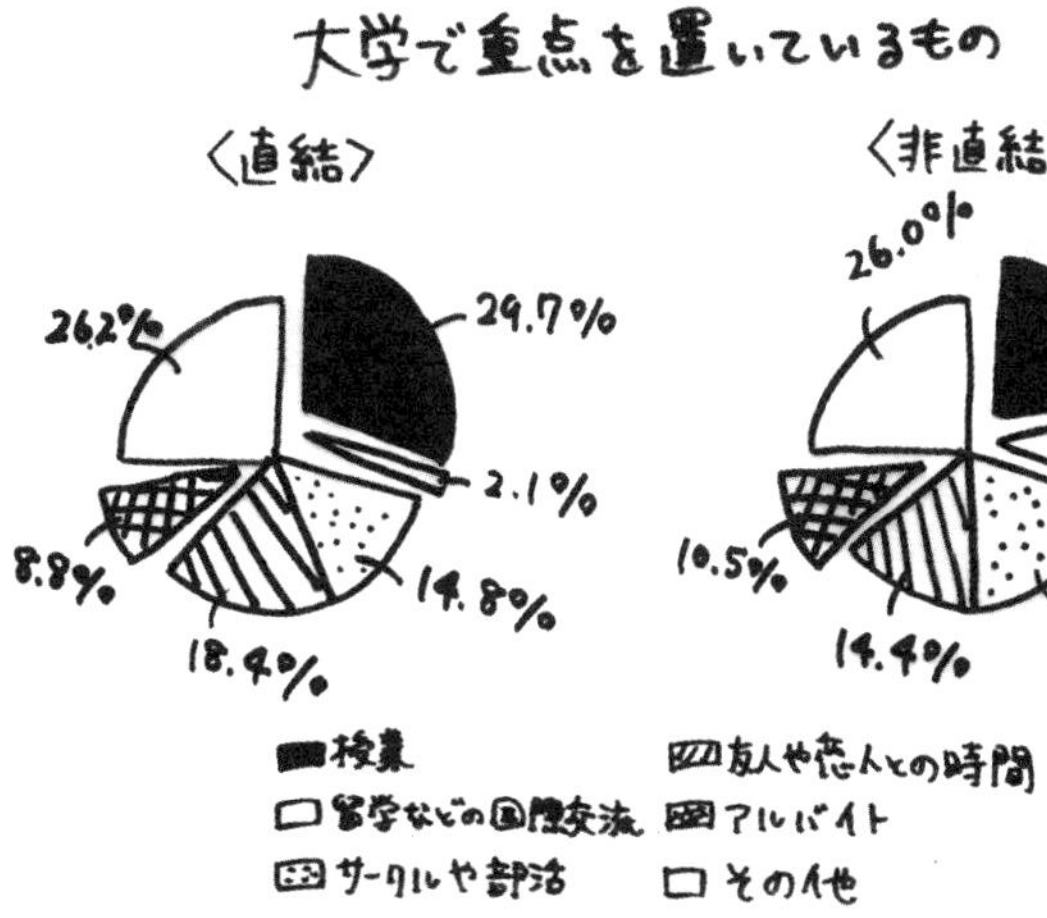

直結型・非直結型のどちらも、大学の授業に重点を置いている割合が最も高かった。次いで、「友人や恋人との時間」や「サークルや部活」を大切にしていることがわかった。このように、両グループにおいて回答の内訳に大きな差はない。しかし、両グループ間で最も差があった項目は「留学や国際交流」で、非直結型の方が、直結型よりも「留学や国際交流」に時間を割く割合が6ポイント高かった。

直結型と非直結型の間には統計上有意な差が見られた。 $(X^2 = 10.1, df = 4, P < 0.05)$

アンナ　特に非直結型なんかはサークルに重点を置いている人がもっといると思ったけど、意外と両グループどちらも授業を一番大切にしているんやね。

シオリ　大学での勉強が将来に直結していようがしてなかろうが、卒業しないといけないのは同じやからじゃない？　卒業しないと社会に出るっていう次のステップに進めないし。

マイ　直結型の方が課題に追われてアルバイトする時間がないんじゃないかと思ってたけど、案外両グループ同じくらいアルバイトに重点を置いているね。

シオリ　学部や専攻に関係なく、お金が必要なのはみんな一緒やもんなあ。

ソラ　一方で、留学とか国際交流に重点を置いている割合の差は、非直結型の方が幅広くいろいろな活動をしてるっていう私たちの予想どおりの結果やね。

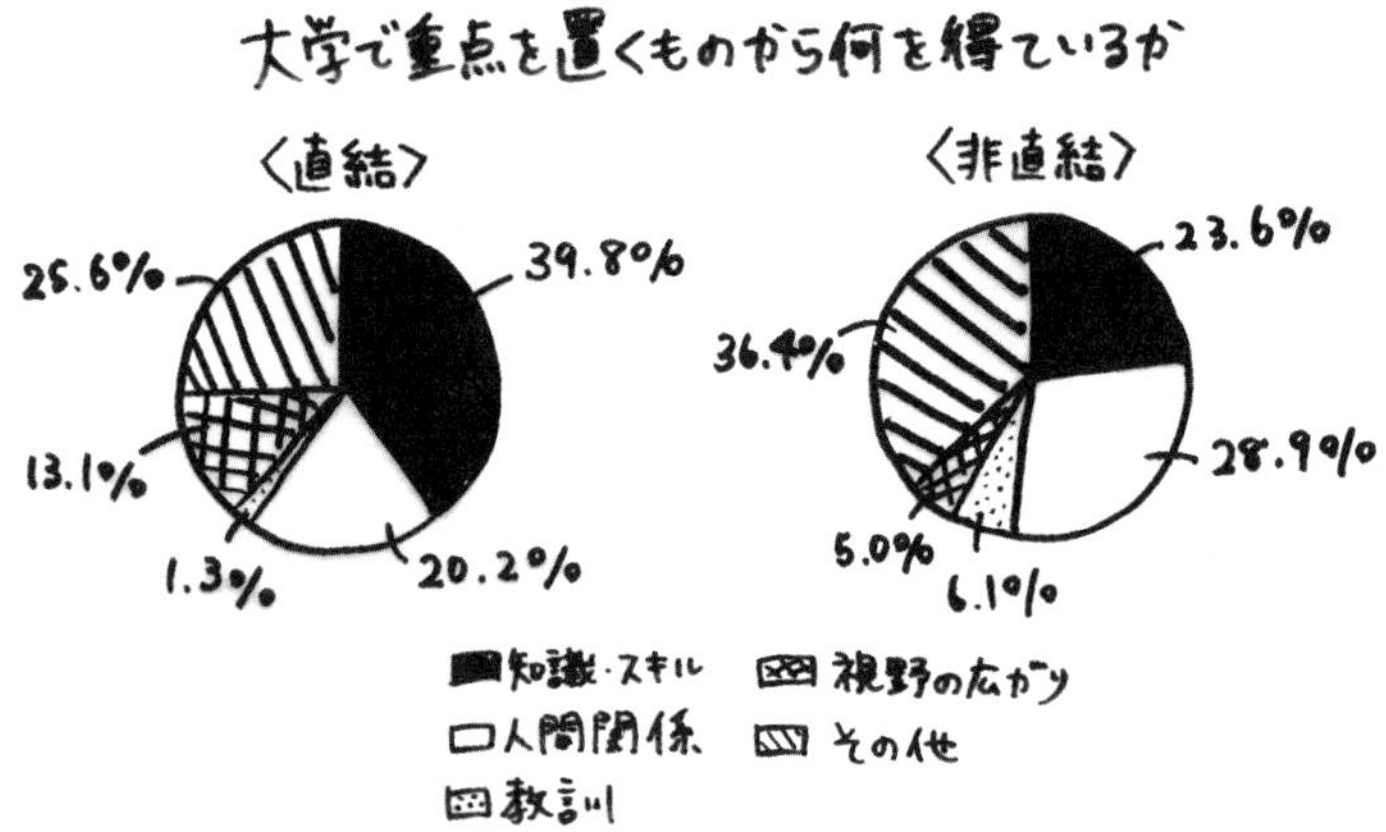

大学生活で重点を置くものから何を得ているかは、直結型・非直結型で違いが見られた。直結型で最も多かった回答は「知識・スキル」（39.8%）、次いで「人間関係」（20.2%）であったのに対し、非直結型は逆の結果を示している。非直結型で最も多かった回答は「人間関係」（28.9%）、次いで「知識・スキル」（23.6%）であった。さらに、「視野の広がり」と答えた割合は両グループ間で大きな差があり、直結型の方が約８ポイント高かった。その他の回答としては、「思考力」「経験」「コミュニケーション能力」「人間性」などがあった。

直結型と非直結型の間には統計的に有意差が認められた。($X^2 = 11.22$, $df = 3$, $P < 0.05$)

ソラ　大学生活を通して得ているもので最も多いのは、直結型が知識やスキル、非直結型が人間関係か。これって、大学・専門学校に入学した目的についてのアンケート結果とつながっているよね。

マイ　直結型は専門知識の習得を重視して、非直結型は直結型よりも人脈を重視してたもんな！

シオリ　でも、視野の広がりって回答が直結型の方が多いのは、意外な結果やね。非直結型の方が幅広くいろいろな活動を通じて視野を広げてるイメージがあったけど。

アンナ　専門を深堀りしていくことで視野の広がりを実感することがあるのかも。

実は直結型と非直結型に大差はなかった⁉

もともと、「よく勉強する直結型」「勉強しない非直結型」というイメージを私たちは抱いていた。しかし、私たちの予想は大きく外れることとなった。

勉強時間で比べてみると、確かに直結型の方が七時間以上勉強する割合は高い。しかし、勉強時間が三時間未満の学生の割合は、両者で大きな差はなかった。読書量でみても、二つのグループに明らかな違いが見られたわけではない。また、インターネットの利用時間でも差はあまり見られず、どちらのグループでも一日に二時間以上利用している学生が過半数を占めていた。

シオリ これって、直結型とか非直結型とかあんまり関係ない？
アンナ どちらのグループに所属しているかにかかわらず、勉強する人はするし、勉強しない人はしないのかもね。

ただ、大学・専門学校に進学する目的は、直結型と非直結型で大きく異なる。直結型の学生は卒業後特定の職に就くためか、専門知識の獲得や資格取得を目的としている割合が高い。これに対し、非直結型の学生は、大卒・専門学校卒という学歴を得るためという回答や、やりたいことを見つけるためという回答の割合が直結型に比べて高くなっている。大学・専門学校で直結型学生は専門職を目指すトレーニングへ、非直結型学生はやりたいことを見つけるための旅へ進んでいくようだ。

先生　君たちの予想と違って、今は日本の大学生全体があまり勉強していないのかもしれないね。直結型学生は、将来専門職として活躍するためのトレーニングが学校のカリキュラムの中であるけど、非直結型学生は自分たちで将来の道を切り開いていく必要があるのかもしれない。

やりたいことが見つかっているわけではなく、大学での学びがそのまま職につながるわけでもない私たち非直結型学生は、いったい何のために、何を勉強すればよいのだろう。

私たちは今一度、自分たちの「勉強の在り方」を振り返ることにした。

アメリカは人種のサラダボウルとも呼ばれ､多種多様なバックグラウンドをもつ人が住んでいることで知られています。

海外からの移民や難民も多いため、ほとんどの学校では英語を第二言語として話す子ども向けの教育が盛んに行われています。そういった子どもたちはある程度の英語力が身につくまでの間、特別な言語指導やバイリンガル教育を受けることができるのです。

また、障がいをもっていたり特別なサポートが必要な子どももできる限り通常学級に参加することが求められていたり、ボランティアなどの奉仕活動を必須科目として採用したり、多様性や自主性を重んじる教育が実施されています。


アメリカの高校に通っていたゼミの OG さんやアメリカの大学に通う友人に､現地の大学生事情について聞いてみました。

アメリカの採用パターンは本編でも取り上げた「ジョブ型」であるため、大学で学んだことが仕事に結びつきやすく、大学での専攻や成績は就職活動において非常に重要です。勉強に励む学生たちのため、図書館を 24 時間開放する大学も少なくないそう。なんと、中には夜遅くに図書館を後にする学生を寮まで送るための警備員さんが常駐している大学もあるとか。

また、アメリカでは 18 歳になると親から離れて自立することが当たり前とされており、大学生のほとんどは寮で生活しているそうです。

The United States of America

アメリカ合衆国

人口：約３億 3006 万人（2021 年１月データ）
面積：約 962.8 万平方キロメートル
言語：英語
宗教：プロテスタント、カトリック、無宗教など

教育システム

アメリカの教育システムは地方分権化が進んでいるため、州によって異なります。

初等教育が８年、中等教育が４年の場合があったり、初等教育が６年、中等教育が６年あり、下級・上級スクールに分かれている州があったり、州によってさまざまです。

初等教育の総就学率は男女ともに 100％、前期中等教育の純就学率は男性 87％、女性 90％（2017）で、大学進学率は 88％です（2018）。

格差と教育

裕福な国の１つとして知られるアメリカ。しかし、人種や社会階層間、地域間によって大きな格差が存在しており、教育にも影響を与えています。

教育格差をなくすため、多くの州では「チャータースクール」が広がりを見せています。

「チャータースクール」とは、親や教員、地域団体などが、州や学区の認可を受けて設ける新しいタイプの公立学校で、バックグラウンドに左右されず進路を切り開くサポートがなされています。

人生夏休み学部の私たち

メンバー脱退危機!?

いよいよ勉強会も佳境となってきたある日。
ゼミの後、シオリと一緒に帰っていたマイは、深刻な顔で話し始めた。

マイ　実は、勉強会をやめようか迷ってて……。みんなとの議論についていってる自信がないねん。マイって全然みんなの役に立ってないと思う。

シオリ　そんなことないよ！　マイのおかげで回ってる部分もあるから大丈夫やで?

マイは、内定先での研修や卒業論文、授業の課題などに追われ、いっぱいいっぱいになっているようだった。

マイ　うーん……。ほんまにやめるかどうか、まだ考え中やからいったん忘れて！

心配性のシオリに、こんな重大な相談を忘れろなんて無理な話だ。次の勉強会までシオリは一人でうんうん考えていた。

しかもその次の週の勉強会では、アンナは風邪で欠席。マイは遅刻、そして珍しくソラも遅刻。マイがやめるかもしれない不安と、本当に卒業までに本を完成することができるのかという焦りの中、一人寂しくなってしまったシオリ。

ソラが到着し、その想いが一気にあふれ出てしまった。

シオリ　ほんまにこのままで本が完成すると思う？

泣きながらソラに訴える。

ソラ　泣かんといて〜！　遅れてごめん、大丈夫？

シオリ　アンナは風邪で休みやし、マイもまた遅刻やし、本執筆スケジュールもカツカツな中、みんなはこのままのペースで本当に本が完成すると思ってるんかな？

ソラ　うーん……。確かに厳しい状況ではあるなあ。

シオリ　しかもこの間、マイが「勉強会やめることを考えてる」って言ってたし……。

抑えきれずに言ってしまったシオリ。

ソラ　え⁉　マイちゃん勉強会やめるん⁉　このタイミングで⁉　困る！

シオリ　まだ考え中とか言ってたけど、もしそうなったらどうしよう。

ソラ　大丈夫！　きっと一緒に最後までやってくれるよ、マイちゃんが来たら話してみよう。

マイが到着する。

マイ　え、シオリ泣いてる？　遅れてごめん‼

シオリ　マイはこのままこのペースでやってて、ほんまに本が完成すると思う？

マイ　うーん。完成するんじゃない？

シオリ　本気でそう思ってるん⁉　今日だって、私以外全員遅刻か欠席やし、スケジュールも全然計画どおりに進んでないのに、なんでそんな楽観的なん⁉

不安と焦りと苛立ちで、言葉がキツくなるシオリ。

マイ　確かに言われてみれば厳しいのかも…。

シオリの勢いに圧倒されて、マイもだんだん真剣に考え始めた。

シオリ　しかもマイが抜けたら三人になるんやで⁉　絶対もう無理やん！
ソラ　さっきちょっと聞いたけど、ほんまにやめたいの？
マイ　まだ考え中やから、はっきり決めたわけじゃないけど……。みんなとの議論についていってる自信がないねん。みんなみたいに、自分の考えを上手く整理して伝えられないし、新しい気づきみたいなのも見つけられないし。役に立ってないんじゃないかと思って……。

マイまで泣き出してしまう。

ソラ　ちゃんと役に立ってるよ！　マイちゃんがいるから楽しくできてるんやん！

三人中二人が泣き出してしまい、慌ててフォローするソラ。

ソラ　マイちゃんの力は必要やで。マイちゃんのキャラクターのおかげで、しんどい勉強会が和むこともあるし、マイちゃんならではの視点もちゃんと役に立ってるよ。あと、現実的に考えて人数的にも三人じゃ厳しいから、マイちゃんには最後まで一緒に頑張ってほしいなあ。
マイ　でも、みんなほど貢献できてないし……。
シオリ　役に立ってるかとか、貢献できてるかとか心配する前に、遅刻せずに勉強会に来ることから始めてよ！　そういう心配は基本的なことができてからにしてや！
ソラ　まあまあ……。でも、ラストスパートやし、せっかくここまできたんやから、みんなで頑張ろうよ。

苛立ちがおさまらないシオリ。とにかく場をおさめたいソラ。

マイ たぶん、私用のこともあってパニックになってたんやと思う。ごめん。最後まで一緒に頑張りたい……。次からは遅刻しないように頑張るね。

気づけば涙を拭いたティッシュは山盛りになっていた。
その山を片づけて、私たちは気を取り直して勉強会を始めようとしたが、時間は午後一時を過ぎていた。

ソラ とりあえずお昼ごはん食べて、まず腹ごしらえしよう！

各自持ち寄ったお昼ごはんをレンジで温める。食べ始めるころにはマイもシオリもケロッとしており、昨日観たテレビの話で盛り上がっていた。仲直りした二人を見て、ソラも一安心。しかし、ほっとしたのも束の間、そそくさと食べ終わったシオリが「午前の分取り戻すためにもさっさと始めよう！」と二人を急かす。
マイもソラも残りを素早く平らげて、勉強会を再開した。

📖 お金と時間のムダだった!?

ソラ 非直結型の学生は、将来やりたいことを探すために大学に進学するパターンが多いってわかったけど、実際みんなはどうやった？

マイ　私はお母さんの希望を叶えたくて大学進学を決めたから、やりたいことは大学で見つけようって思ってた。だから多くの非直結型の学生たちと一緒かな。

シオリ　私はやりたいことが決まっていた上で大学進学を決めたから、該当しないかなあ。でも、視野が広がって違う進路を考えたこともあったよ。

将来の希望進路が比較的明確である直結型学生に比べ、非直結型の学生は大学進学をするタイミングで将来の希望進路が決まっていることが少ない。そのため、将来やりたいことを見つけるために大学に進学している学生も多い。非直結型学生にとって、大学の四年間は比較的自由な時間を楽しめる「就職モラトリアム」ともいえるだろう。彼らは自由な時間を利用して、勉強以外にも幅広くさまざまなことに取り組むことができる。

他方、直結型学生は希望の進路を着実に歩んでいく。そのため、大学では資格を取ったり、国家試験に挑戦したりするべく準備する。

マイ　よく考えれば、多くの直結型学生みたいに目標に向かって勉強する学生を横目に、非直結型学生はやりたいことを探すために大学生活送ってるって、なんか変じゃない？

シオリ　言い方悪いかもしれないけど、やりたいことを探す時間を買うために、もしくは就職で有利になる学歴を手に入れるために高い授業料払ってるみたい。

ソラ　やりたいことを探すだけなら、別に大学じゃなくてもいいのにね。

マイ　でも、世の中は学歴社会やから、とりあえず大学に行くのかも。純粋に勉強がしたいって動機だけで大学に来る人なんている？　やっぱりみんな、就職のことは少なからず考えてると思う。

ソラ　特に非直結型学生は、勉強しても専攻した学問が役立つ職業に就ける可能性は低いもんね。大学での勉強よりも大学の名前にこだわるイメージがあるのは、それが理由なのかも。

マイ　ほんまに勉強だけがしたいなら、今どきYouTubeでもできるもんな。

シオリ　改めて考えてみると、私も大卒じゃないとなれない職業に就きたいから来たわけで。勉強することはメインの目的ではなかったから、学歴を得るためだけに大学来た人と一緒なのかもしれない。

ソラ　でも、私だって卒業単位を満たすためにあんまり関心のない授業を受けたことあるよ。大学に来ることや卒業することが目的であり手段になる場合はあるんじゃない？

マイ　自分の人生やねんから、目的でも手段でも、どんな理由で大学に来てもいいと思うけど……。

シオリ　四年間、貴重なお金と時間を費やして、ちゃんと価値あるものを手に入れられるのかな？

マイ　結局四年間ではやりたいことを見つけることができない非直結型学生もいるよな。そのまま就職活動の時期がきて、企業に就職しちゃう学生も多いと思うなあ。

ソラ　就職する前の自由な時間だから、夏休みみたいに過ごしている学生が多そう。

シオリ　確かに「大学生活は人生の夏休み」って言葉聞いたことある！　子どものころの夏休みみたいに、結局最後までダラダラ過ごしてしまって、本気で自分と向き合ってから卒業する人は少なそう。就職活動のときに初めて自己分析する、みたいな。

マイ　非直結型学生の大学での過ごし方って、お金と時間のムダになりかねへんなあ。

私たちは、闞谷先生に相談してみることにした。

やりたいことを大学で探して何が悪いの？

マイ　關谷先生。私たち非直結型学生の多くは、大学で人生の夏休みを満喫しているだけなんでしょうか……。

先生　でも、総合職として就職して、将来会社を回すようなリーダーとなっていくのは非直結型学部が多いよ。

シオリ　「非直結型」と「直結型」では、大学で勉強することも違うけれど、卒業してからの役割もそれぞれ違うってことですね。それって、うまく役割分担できてるってこと……？

マイ　そう言われてみれば確かに！　直結型は専門職に就いて、非直結型は総合職に就く場合が多いもんな……。でも、夏休み学部やのになんでやろう？

シオリ　でも少なくとも、就職モラトリアムがあかんってわけじゃなさそうじゃない？

ソラ　就職モラトリアムを謳歌する「非直結型」の中にも、リーダーになりうる人と、そうでない人で違いがあるのかもしれない。

目的意識がないと社会で役に立たない？

先生　自由な時間の中でさまざまな活動に手を出すことは、最初のうちはいいのかもしれない。でも、四年間ずっと何でもかんでも手を出すだけでは、広く浅くかじるだけになってしまって、深みが出てこないね。

シオリ　そうですよね。ある段階できちんと絞って、計画的にならないと。

ソラ　そう考えると、大学の四年間ってすごく短い。自由な時間の中で、活動を取捨選択できない学生は多そう。ある程度目標をもっていないと、あっという間に卒業の時期がきてしまう。

マイ　何の深みもない活動をいっぱいしているだけじゃ、社会に出たときに「大学時代何してたの？」と聞かれても、何も答えられないかもしれない。

シオリ　やっぱり、目的意識をもって大学進学しないと、上手く時間を使えないまま過ごしてしまうのかな？

ソラ　四年間の大学生活をなんとなくで過ごした学生は、卒業して社会に出たときに本当に役に立つのかな？

マイ　私だったら、学生気分が抜けないまま就職してしまいそう。

シオリ　「非直結型」の学部出身でリーダーになれる人は、自由な時間の中でも目的意識をもっていて、自分と向き合って頑張ることのできる人なんじゃない？　そういう人じゃないと、社会で役に立たないと思う。

私たちは気づいた。社会で役に立つ人というのは、何をしても自由だという環境で自分自身を律することのできる人だということを。社会でリーダーとなるためには、学生時代から目的意識をもって、何が必要かを考え、活動を取捨選択することが大切なのかもしれない。

ザンビアでは中等教育の普及率が低く、次の段階である高等教育の拡充まではなかなか手が回っていないというのが現状です。それでもザンビアには国立私立にかかわらずいくつか大学が存在します。中でも国立のザンビア大学は大統領を含むザンビアの政治家を輩出するエリート養成機関です。

本編と同じ内容のアンケート調査を現地の友人に実施したところ、大学生活で重点を置いている／いたものとして最も多かったのは「ボランティア活動」でした。信仰心の厚いキリスト教徒が多いザンビアならではの結果であると考えられます。

大学に来る目的としては、「専門知識を得るため」「大学卒の学位を取得すること」などが多く挙げられていました。

私はザンビアの国際機関でインターンシップをしていました。近所に住んでいた６歳の女の子は、制服代が払えないため小学校に通えておらず、事前に見聞きしていたとおり、初等中等教育がまだ十分広まっていない現状を実感しました。

一方で、インターン先で一緒に働いていた現地の人々の最終学歴は大学卒、大学院卒とザンビアでは大変少数のいわゆる「エリート」でした。ザンビア大学の出身者が多くいましたが、他にも南アフリカやケニアなど近隣のアフリカ諸国の大学で学位を取得している人もチラホラ。さらに、ザンビアは植民地時代からイギリスと関わりが深く、現在もイギリス連邦の加盟国であるため、現地のエリート層の人々にとって、イギリスの大学への進学も身近な選択肢としてあるようでした。

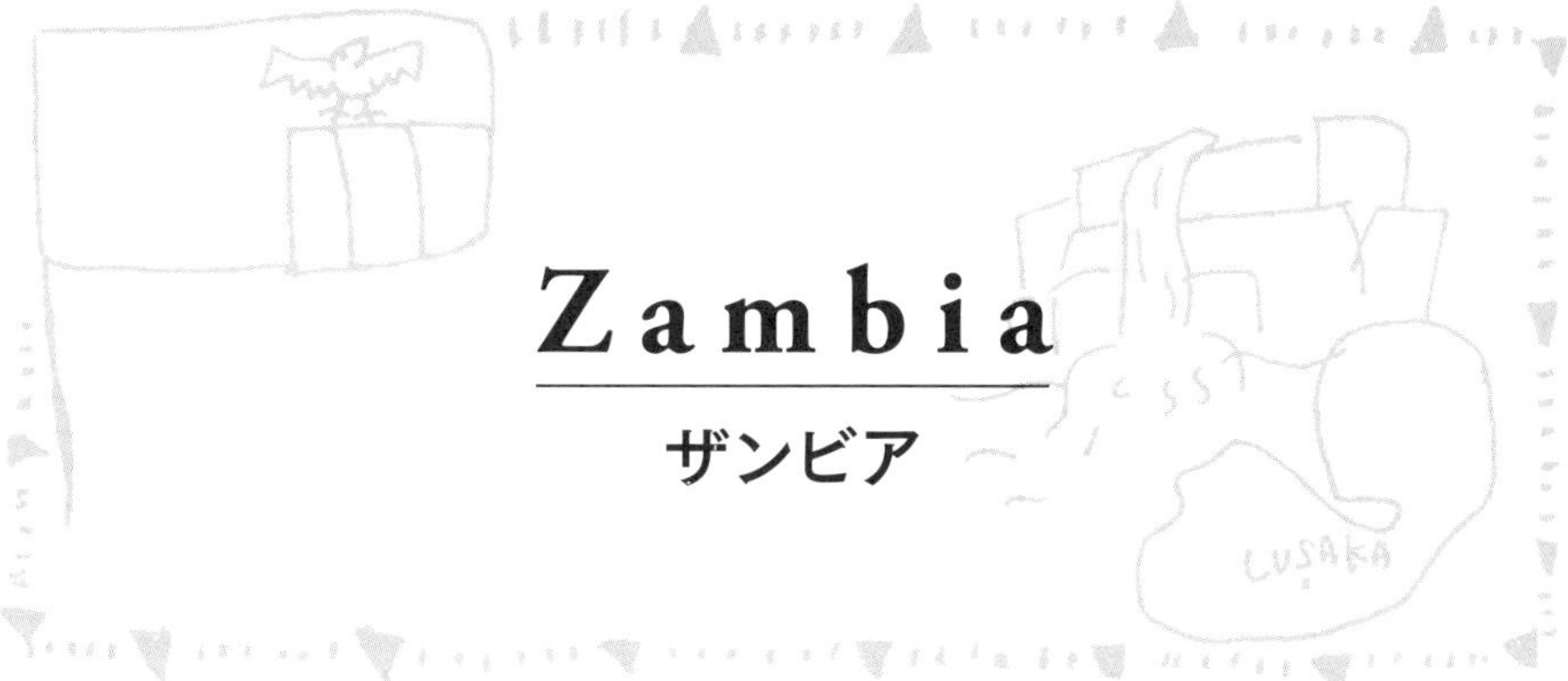

Zambia

ザンビア

人口：約 1786 万人
面積：約 75.26 万平方キロメートル
言語：英語（公用語）、ベンバ語、ニャンジァ語、トンガ語
宗教：8 割近くはキリスト教、その他イスラム教、ヒンドゥー教、伝統宗教

教育システム

ザンビアでは初等教育が 7 年（義務教育）、中等教育が 5 年となっています。

ザンビアには 70 以上の民族があり、小学校 3 年生まではそれぞれの民族の言語で学習しますが、小学 4 年生時に公用語である英語での授業に切り替わります。

国立の小学校の授業料は無料で、初等教育の就学率は 94.3％です。しかし、中等教育は 27.9％と低水準（2017 年）。地域によって就学率に違いがあることも課題の一つです。

格差と教育

ヨーロッパからのキリスト教伝道者によって現地住民の教育がなされたのがザンビアの学校のはじまりといわれています。

その後、識字能力を得た人々が地域の教員としてキリスト教の布教を目的に派遣されました。独立後、教育の量拡大を模索しましたが、無資格教員の急増、学校卒業者に対する雇用不足が発生。

現在も課題は残っていますが、教員の資格の向上と公正化には改善が見られており、教員養成機関が教育大学になるなどしています。

モラトリアム学生の逆襲⁉

私たちモラトリアム学生こそが新しいリーダーになれる⁉

「非直結型」の大学に来る目的は「直結型」に比べてぼんやりしているようにも見える。しかし、「直結型」でも「非直結型」でも、勉強する人は少数派だった。つまり、勉強する人はするし、しない人はしないのだ。

ソラ　私たち非直結型学生はモラトリアムとかいわれる。でもそれって、カリキュラムに縛られず自由が与えられてるってことやんな。そんな環境で勉強する非直結型学生の方が、自律的ですごくない⁉

シオリ　こういう人がリーダーになっていくんじゃない？

アンナ　非直結型学生は、答えのない問いを考えるっていう役割を将来担っていくんだもんね。

マイ　モラトリアム学生の逆襲！

「直結型」の方が勉強すると予想していた私たちは、この議論に舞い上がった。
大学に来る目的が将来の職業に直結していない私たち「非直結型」学生。私たちはカリキュラムに縛られていない分、ある程度の自由があって、さまざまなことに取り組む機会が多い。だから視野も広くなるはずだ。リーダーは、答えのない問題を考える必要がある。非直結型学生はそのような資質を養いやすいのかもしれない。調べてみると、確かに国のリーダーとなる政治家や歴代の総理大臣には非直結型学部出身者が多かった。

自由が私たちを試している

自由で何をしてもよいという状況で頑張れる学生はすごい。アンケートからわかったように、大学生活で何に重点を置いているかは人それぞれである。実際に、大学には授業以外に、留学やボランティア、インターンシップなどさまざまな学びのプログラムがある。それらを利用する人もいれば、サークルや部活動、アルバイトに熱心になる人もいるだろう。大学生の私たちには、たくさんの時間と選択肢がある。ありすぎてどれを選んだらよいのか悩ましいくらいだ。

シオリ そういえば大学に入学してからすぐ、留学費用を稼ぐために毎日毎日バイトしてた。いっぱい勉強するために大学に入ったのに何してんねやろう、ってよく自問自答してたなあ。
マイ 大学入学したら全部ちゃんとしようって意気込んでたけど、授業に課題にバイトにサークルに毎日忙しくて、時間の管理が上手くできなかったなあ。全部したい！ できる！ って思って欲張りすぎて逆に全部中途半端になってたかも。

アンナ 私も大学に入る前からずっと熱心に取り組んでる課外活動とゼミの活動との両立に悩んだなあ。どっちも自分にとって大事で、全力で頑張りたかったし。

私たちも、大学生活を充実させるために何に時間を費やせばよいのか迷いながら過ごしてきた。しかし、その多くの選択肢の中から、今この時間を使って自分が何をすべきかをきちんと考え、誘惑に負けず勉強することを選ぶ学生が、将来リーダーになることに大きな意義があるのではないだろうか。自由が私たちを試しているのだ。

私が現地の友人に実施したアンケート、そしてインタビュー調査からシンガポール人の勉強に対する熱意がうかがえました。アンケートに回答してくれた全員が 1 週間に 7 時間以上は自習していると回答し、また、大学生活で重点を置いているものとして、アルバイトを挙げた人は 1 人もいませんでした。

ある学生は、インタビューで「大学生活では勉学とインターンシップに注力するのにいっぱいいっぱいで、友人と遊ぶ時間があまりとれない」と述べていました。ここからも、シンガポールの大学生活において勉学の優先度がどれだけ高いかがわかります。

また、勉強が必要な理由としては、「理論的な知識を実生活に応用できるようにするため」や「自分自身の成長のため」といった意見が挙げられていました。

シンガポールに留学中、ルームメイトは勉強が忙しく、夜 11 時を過ぎても寮に帰ってこないことが多くありました。シンガポールでは大学での成績が就職に大きく影響するようで、学生は A ＋の成績を目指して必死に勉強します。

テスト期間には、早朝から図書館を利用するための行列を見かけることもあり、シンガポール人の勉強に対する熱心な向き合い方が感じ取れました。

シンガポールでの留学中に感じたことは、「大学進学＝エリート」という意識が日本よりも強いということです。実際、大学に進学するには厳しい競争を勝ち抜く必要があり、ストリーミング制は今後廃止されるといっても、シンガポールのエリート教育は今後も重要なポイントであり続けるのではないでしょうか。

Singapore

シンガポール

人口：約 564 万人（うち、シンガポール人・永住者 399 万人）
面積：約 720 平方キロメートル
言語：英語、中国語、マレー語、タミル語
宗教：仏教、イスラム教、キリスト教、道教、ヒンドゥー教

教育システム

初等教育 6 年、中等教育 4 ～ 5 年、その後、ポストセカンダリー教育（大学準備教育・大学教育を含む）が存在します。

初等教育は義務教育であり、子どもを小学校に通わせていない場合には罰則を受けることもあります。

シンガポールではバイリンガル教育を重視しており、英語以外に母語（中国語、マレー語、タミル語）を学び、ほとんどの人が 2 ヶ国語以上を話すことができます。

ストリーミング制

シンガポールでは、小学校 6 年生終了時に初等教育修了試験（PSLE）があり、その成績によって進学コースが分かれます。

しかし、この制度では、子どもたちを早い段階でふるいにかけることになりかねないため批判も大きく、2019 年に教育省はこのストリーミング制を段階的に廃止することを決定しました。

新制度下で中等学校は学力別のプログラムを作成し、生徒は能力によって科目ごとにそのレベルを選べるようになります。

二泊三日の集中合宿

同じ釜の飯を食べよう！

データを集め終えて、少しずつ分析も始めたが、月に一、二回の勉強会では本を完成するのは難しいと考えた私たち。

關谷先生　セミナーハウスを使ってもいいから、合宿してみたら？

先生の家は、セミナーを行うために建てられたものだ。私たちのゼミではイベントやセミナーが豊富。これまで私たちは、何回もセミナーハウスをお借りしてきた。

キッチンも規格外に広くて、自由に使わせてもらっている。イベントで一日中セミナーハウスに滞在する日は、昼ごはんや晩ごはんをゼミ生で作る。私たちは、ここで料理の腕を上げたといっても過言ではない。そして、寝る場所だって至る所にある。ロフトベッドもあれば、和室もある。お布団セットもたくさんある。活動が長引いても、安心して真夜中まで勉強会や飲み会ができるのだ。

シオリ　では、お言葉に甘えて……。

私たちは、セミナーハウスをお借りして、二泊三日の合宿を決行することにした。

シオリのスーツケースの中身

アンナ　どうしたん⁉ その荷物。

合宿はたったの二泊。アンナは通学用のリュックで事足りていた。しかし、シオリは一週間旅行するのかと言わんばかりのスーツケースをゴロゴロ引いて登場したのだ。

シオリ　荷物多いんかな。アンナはいつもカバン小さいもんな。

アンナ　それにしても大きくない？

と、そこでアンナはあることを思い出した。

アンナ そうだ、シオリちゃん、野菜もってきてくれてるんやった！ それで荷物大きいんやん！

そう、スーツケースの中身の半分は野菜だったのだ！ シオリのお父さんは市場で働いている。いつもゼミのイベントで料理をするとき、シオリはお父さんが職場で譲ってもらった野菜をもってきてくれるのだ。シオリは、今回の合宿でもごはんの材料をもってきてくれた。

アンナ ほんまにありがとうね！ 重かったよね。

シオリ 全然大丈夫やで。

そんなシオリのバスタオルには、タマネギの匂いが染みこんでいたのだった。

こたつ

私たちが勉強会を続けている間、同じゼミの後輩である三年生は海外での学会発表を控えており、同じく毎日セミナーハウスで頑張っていた。

私たちが合宿初日に到着したときには、先にこたつで頑張っていた三年生。

アンナ おはよう！ みんな早いんやね！

三年生 おはようございます。あ、こたつどうぞ！
アンナ え、全然いいで。
三年生 でも、先輩方の方が先に使うって言われてたので。
アンナ ……じゃあ、お言葉に甘えて。

申し訳ない気持ちになりながら、こたつに入らせてもらった。

数時間後、隣の部屋を通りかかると、三年生はコートにくるまり震えながら作業していた。

マイが「みんなめっちゃ寒そうにしてるやん！ 大丈夫？」と三年生に声をかけると、その様子に気づいた先生が、「ごめんごめん。気づかなくて」と言って複数あるエアコンの暖房を入れてくれた。

持ちつ持たれつ

いよいよ二泊三日の合宿が始まった。まずはそれぞれがやってきた課題を確認する。

合宿では集めたデータの分析を一通りできるよう、あらかじめ各自データの整理をしてくることが宿題だった。

データは何百人もの人から集めたので、四人で分担してこなしてきたのだ。

アンナ ごめん。私、やること勘違いしてたかも。
シオリ とりあえず見てみよう……。うーん、これってこう整理するんじゃなかった？

マイ　違うやん、こうするってことになってなかった？
ソラ　私はこうしたけどな……。

といった具合。なんと、みんなそれぞれ違う方法で整理していたのだ。

シオリ　どうしよう……。

シオリは途方に暮れた。三日間のスケジュールは完璧に練られていたのに、出鼻を挫かれてしまった。しかし、現実は現実だ。私たちが合宿でやりたいことはデータの分析。

アンナ　データの整理をしないことには何も始められないよ。今からでも頑張ろう！

結局、一日かけてデータの整理をすることになった。数字のデータを扱うのが苦手なシオリとマイは困り果てた。二人のデータはまとまっておらず、やってきた本人でさえ説明するのが難しい状態だった。

マイ　なんでグラフの色がみんなと逆になるんやろう……。
ソラ　この数値とこの数値を入れ替えたらできるで！
シオリ　この数字はどっからでてきたんや……。
アンナ　前のシートの数値が反映されてしまってるんじゃない？　一緒に確認しよっか。

マイ　えっとグラフはどこに保存するんやっけ……。
ソラ　ファイル作ったから、画面の右上をクリックしてみて。
シオリ　あ～もう数字嫌いや！　全然終わらへんし！
アンナ　シオリちゃんの分も分担してやるから、まだ終わってないデータ教えて！

悪戦苦闘しながらも、データ処理が得意なアンナとソラの活躍のおかげで、なんとかその日のうちに作業を終わらせることができた。

みんなでホッと息をついたのもつかの間、ネガティブなシオリが半泣きで言う。

シオリ　今日、何もできなかった……。ただみんなに迷惑かけただけや。
マイ　そんなことないやん、データの整理できたやん。
アンナ　そうそう。必要なことなんやから、無駄にはなってないよ。
シオリ　それはそうやけど！　全然進んでないやん！

いつも悲観的なシオリ。楽観的なアンナとマイが慰めたのだった。

お菓子はあっという間に……

勉強会一日目の中盤、小腹がすいてきた私たち。そんなこともあろうかと、お菓子を山のように用意してあった。

アンナ　このお菓子、残ったら今度のゼミのイベントに回そうね。

そう言っていたものの、

マイ　あれ、お菓子どこいった？

気づけばゴミの山になっていた。

マイ料理長のイヤイヤモーニング

マイ　めっちゃおいしいオムレツ作れるねん。朝ごはん、マイが作るから、みんな食べて！

初日から大張り切りのマイ。しかし、苦手なデータを一日中扱ってだんだん疲れてくる。

マイ　やっぱ朝ごはん作るのやめよっかな。

そう呟いていると、先生に「明日マイが朝ごはん作るんやろ？」と言われ、何だか断れない空気になってしまった。

作業は終わらず、夜が更けていく。

マイ　シンデレラタイムに寝たい。
シオリ　何なん、それ。
マイ　夜二二時から二時までに寝たら、お肌にいいねん。
シオリ　そんなん関係ないわ。
マイ　ほんまにいいねん！

「明日早起きして朝ごはん作らなあかんし……」と小声で呟くマイ。マイの願いも虚しく、結局、その日は午前三時まで作業が続いた。

翌朝、マイが半泣きで作ってくれたオムレツはフワフワ！　トロトロ！　私たちは、ホテルのモーニングのような優雅な朝食を味わった。

ロフト

セミナーハウスにはロフトがあり、暖かくて分厚い布団が置いてある。そこでは二人寝ることができるが、私たちは四人。なので、後の二人は作業していた和室で雑魚寝することとなった。初日、ロフトで寝たのはマイとソラ。

マイ　ごめんな、明日は交代するから。

そう言っていたマイだが、翌朝早起きして朝ごはんを作り、二日連続深夜まで作業を頑張って疲労困憊。

マイ　今日もロフトで寝させて〜。

と、他の三人の許可を得る前にそそくさとロフトに消えていったのだった。

先生の明石焼き

疲れて中だるみしてきた二日目のこと。誰よりも燃費の悪いアンナは腹ぺこだ。

アンナ　お腹空いた～。何かないかな。
シオリ　お菓子は昨日食べちゃったで。
アンナ　え～、もう頑張れない……。

そんなとき、いい香りが漂ってきた。

先生　明石焼き作ったよ、いくつ食べる？
みんな　やったー！

救いの手が差し伸べられた。アンナとマイは、遠慮なく何回もおかわりする。

シオリ　こんなおいしい明石焼き、初めて食べた……。

先生の優しさとカツオのお出汁が身に染みた。

中国には教育熱心な親が多く、幼少期から塾や習い事を掛け持ちする子どもたちも少なくありません。

政府から質の高い教育を提供していると認められた「重点大学」と呼ばれる大学（全国 112 校）に進学するため、子どもたちは寝る間も惜しんで勉強します。この受験競争の激化による小中高生の睡眠不足は中国でも問題視されており、子どもたちの負担を減らすような対策はなされていますが、当分教育に対する熱は冷めそうにありません。

中国の大学受験は省ごとで行われる「高考」（gao kao）という一発勝負の試験で行われます。日本でいうセンター試験のようなもので、その点数によって志願する大学を決めます。中国の人々にとって高考は人生を左右する一大イベントであり、高考が実施される６月は「暗黒の６月」と呼ばれるほどピリピリしているそうです。


北京の大学に通う友人に、現地の大学での暮らしや学生について尋ねてみました。

中国の大学はその広い敷地に銀行や病院、理髪店を有する場合が多く、１つの都市のようになっていて、大学から一歩も外に出ず生活できるそう。

多くの学生は寮住まいで、例え大学から家が近くても実家から通う学生はほとんどいないそうです。また、アルバイトをしている学生はほとんどいません。

大学卒業後、大学院に進学する学生は有名大学ほど多く、また、日本と同じく理系の学生の方が大学院に進学するパターンが多いそうです。

基本的に家族愛が強い学生が多く、親孝行するために勉強している学生も多いといいます。

China

中国

人口：約 14 億 3378 万人（2019 年データ）
面積：約 960 万平方キロメートル
言語：漢語（中国語）
宗教：仏教、イスラム教、キリスト教など

教育システム

中国では小学校の 6 年間と日本の中学校にあたる初級中学校の 3 年が義務教育とされており、その後、ほとんどの人が高級中学に進学します。中国の学校は国公立がメインで、私立大学の数はあまり多くありません。

2010 年には国内全域で義務教育の普及が達成され、2012 年時点で小学校の就学率はほぼ 100%にまで達しています。

また、中国の大学進学率は数年前から著しく向上しており、2016 年には 42.7%に達しています。

広大な中国

大きな国土を有する中国では、国内の地域差や条件差などを考慮し、地域によって就学年数を調整したり、始業のタイミングをずらしたりしています。

例えば、農村などの小学校では教育予算や教員の不足といった理由から、5 年制を採用しているところが少なくありません。

また、北部と南部で気温差が大きく異なるため、長期休みの時期も地域によって夏休みが長くなったり冬休みが長くなったりします。

やっぱり逆襲できませんでした……

勉強する人ってどんな人？

私たちは合宿で整理したデータを中間報告として鬮谷先生に見ていただいた。

先生　おもしろい結果だね。でも、データベースの集計だけじゃなく、個々のデータの深堀りもしてごらん。
シオリ　卒業論文のときに使った方法ですよね？　定性データの分析！
マイ　やっと卒論書き終わったとこやのに、またやること増えるんか……。
アンナ　でも卒論で慣れたから大丈夫じゃない？
ソラ　とりあえずやってみよう、せっかく頑張って取ってきたデータやし、存分に使おう！

「直結型」「非直結型」にかかわらず、勉強する学生はごく少数だった。勉強する学生の回答をすべて丹念に見て特徴を分析すれば、また新しいことがわかるかもしれない。大学生にとって、時間の過ごし方にはたくさんの選択肢がある。その中で、勉強することを選んでいる学生はどんなことを考えているのだろう。先生からのアドバイスを受けて、私たちは早速「勉強する人」一人ひとりの回答を分析することにした。

しかし、これまでの議論にもあったように「勉強」といってもいろいろな種類がある。私たちのアンケートでは大きく分けて二つ、「知識や技術を習得する勉強」と「思考力・判断力を養う勉強」について尋ねている。そこでまずは、「知識や技術を習得する勉強」に注目し、一週間で七時間以上机に向かって勉強する人を分析することにした。

勉強時間で分けてみた

七時間以上勉強する人は「直結型」で一八・一%、「非直結型」で六・四%だった。どちらも少数ではあるものの、「直結型」の学生の方が「勉強する人」の割合は高い。

個人のデータを見てみると、その多くが医学部生であった。また、将来の夢・職業を見てみると、医者や教員を志す者がほとんどであった。医者や教員になるには国家試験に合格しなければならない。このことから、「直結型」で「勉強する人」は資格試験のために勉強している可能性があると考えられる。

マイ　確かに、私の友達の看護学生も、国家試験のためにアルバイトができなくなるくらい勉強に追われてたな。

アンナ　医学部生にアンケートを取りに行ったときも、「課題が忙しいので後でもいいですか」って言われたわ。それぐらい勉強してるってことなんだね。

次に、「非直結型」の学生の個人データを見てみる。「直結型」と違って学部にバラつきが見られた。しかし、彼らの将来の夢・職業を見てみると、国際機関や公官庁などに就職したいと考える学生がほとんどで、「直結型」と同じくテストを突破するために勉強するという目的が明確なものが多かった。

これは、「非直結型学生は大学に来る目的がはっきりしておらず、将来の目標も明確には決まっていない」という私たちが想定してきた「非直結型」の特徴とは異なる。

つまり、彼らは「非直結型」に属しながら、「直結型」の特徴と同じく明確な目的をもって、そのために勉強していたのだ。

非直結型学生こそがリーダーになれるのかもしれないと舞い上がっていた私たちのテンションは一気に下がってしまった。

アンナ はっきりした目的なしに、自由な環境でこそ頑張れる非直結型がすごいんじゃなかったっけ……?

シオリ そういうモラトリアム学生こそがリーダーにふさわしいって話やったよな。

ソラ でも結局は目的がないと勉強しなくて、自由な環境じゃ頑張れないってこと?

マイ と、とりあえず、もう少し分析続けて様子見よ。

思考力・判断力のトレーニングの有無で分けてみた

私たちは気を取り直して、「思考力・判断力を養う勉強」に着目し、「思考力・判断力を養うトレーニングをしている」と回答した学生を分析の対象にすることにした。

思考力・判断力を養うトレーニングをしている人は「直結型」で一四・一%、「非直結型」で一六・六%であった。どちらも少数であり、「直結型」と「非直結型」で割合にあまり差はない。彼らの「思考力・判断力を養うトレーニングをする理由は何ですか」という質問に対する回答を分析してみる。

まず、「直結型」学生の答えは、優等生らしいものが多く見られた。「実際に医療現場で働いたときに自分で正確な判断をし、行動に移せるようにするため」「将来自分が教員として指導することになる子どものため」など、理由が簡潔かつ明確に述べられていたのだ。さらに、彼らの回答は将来の職業を見据えたものが目立っていた。トレーニングの方法としては、実習を通じて養った知識を応用するといった回答が多く挙げられていた。

「非直結型」学生の答えでは、「知識はいろいろなところに応用してこそ、その価値が発揮されると考えるから」「将来自分がどの職種、どの方面（就職、進学）に行ったとしても恥ずかしくないように」「これから困難に陥ったときに、自分で解決策を考えられるようにする準備のため」など、考えがしっかり読み取れるものがあった。しかし、多くは「将来のため」「社会で生きていくため」などの漠然としたもので、「直結型」の学生よりも抽象的な回答が目立った。トレーニングの方法としては、ディスカッションや小論文などを通じてアウトプットするといった回答が多く挙げられていた。

モラトリアム学生そのままでいいん？

さまざまな角度から「勉強する人」について分析してみると、「直結」「非直結」にかかわらず、目的を明確にもっている学生がよく勉強していることがわかった。さらに、「直結型」学生の方が将来に向けてきちんと準備し、向き合っている印象を受けた。

マイ　非直結型学生やばくない？

シオリ　非直結型でよく勉強してるのは、明確な目的をもった「エセ非直結型」やったってことやもんな？

アンナ　非直結型で勉強する人はモラトリアムじゃなかったってこと？　じゃあほんまのモラトリアム学生って全然勉強してないってことやんね。

私たちモラトリアム学生は、ただ自由な環境を持て余しているだけなのではないだろうか。

ソラ　かといって直結型も勉強してる人は少数派なんだから、ほとんどの大学生は勉強してないってことになるよね。

「直結型」学生は知識や技術を習得してスペシャリストになり、「非直結型」学生は答えのない問いを考えてジェネラリストになる。上手く役割分担ができている！　と思っていたけれどそうじゃないかもしれない。

やる気の源泉は自己実現だけ？

「なぜ勉強するのか」について考え始めたとき、私たちは「社会・他者に貢献することで得られる自分の幸せのため」という仮説を導き出した。しかし、「直結型」も「非直結型」も、資格取得や就職などの目の前の目的を達成するために勉強している学生が多いように感じる。

もちろん、目標を達成するために勉強することも大事なことだ。しかし、その目標を達成した後のことも考えなければならない。社会に出てからも私たちは学び続けなければならないのだ。

大学で、その先の未来を見据え「社会・他者に貢献することで得られる自分の幸せのため」に勉強している学生は、いったいどれだけいるのだろう。良い企業に入りたい、お金を稼ぎたい、成功を収めたいなどの気持ちで、自己実現のために勉強している学生がほとんどなのではないだろうか。

私たちは、改めて自分たちが勉強する意味を考えた。自分たちが大学に入って、これまで学んできたことは何なのか。これからの時代に本当の意味で生き残れるのだろうか。

ネパールを研究対象としているゼミのOGさんに協力していただき、現地の現役大学生と大学修了者計27人にアンケート調査を実施しました。

日本と変わらず、勉強を必要だと思っている人はほぼ100%でした。しかし、その理由としては「自信をつけるため」「自己肯定感を上げるため」「ポジティブ思考を手に入れるため」など、日本では見られなかった回答が目立ちました。

一方で、回答者の約7割が「大学での勉強は将来とあまり関係がない」と聞いたことがあると回答していました。この結果は、大学を卒業しても受け皿としての雇用が十分にないというネパールの課題が影響していると考えられます。

私はゼミの活動で2週間ほどネパールに調査へ行き、その際に、公立の小学校1校と、私立の小学校2校を視察しました。

現地の先生方のお話から、私立で経験を積み、公立の学校の先生になることを目指している人が多くいることがわかりました。公立の先生になればクビになりにくく、給料も高いからです。

しかし、公立が私立に比べて必ずしも教育の質が良いというわけではなく、公立で働く先生の中には「雨だから」という理由で休む先生や、子どもたちの名前を覚えていない先生もいるようでした。

また、驚いたことに、私立の小学校では現役の高校生がアルバイトとして教鞭をとっていました。

Nepal

ネパール

人口：約 2970 万人（2019 年データ）
面積：約 14.7 万平方キロメートル
言語：ネパール語
宗教：ヒンドゥー教、仏教、イスラム教など

教育システム

ネパールでは、1 ～ 8 年生が基礎教育、9 ～ 12 年生が中等教育となっています。

基礎教育は無償による義務教育であり、満 5 歳以上で 1 年生への入学が可能です。

基本的に授業はネパール語で行われますが、理系分野は英語で行います。

2016 年のデータでは、前期基礎教育の 1 年生から 5 年生までの就学率が 97.2%、後期基礎教育の 6 年生から 8 年生は 92.3% です。

山積みの教育問題

1996 年から 2006 年までの約 10 年間、ネパールは内戦状態にありました。

2008 年に憲法制定のための憲議会選挙が実施され、2015 年に憲法が完成しましたが、政情が安定してから間もないネパールには教育の問題が山積しています。

特に村落部では、学校そのものの数や設備、教師が不足しており、毎日何時間も歩いて学校に通う子どもたちもいます。

また、国外進学希望者は推定で年間 3 万人以上いるといわれています。

先生との問答

技術と未来

約二年にわたって続けてきた勉強会もそろそろ終盤となってきたある日、議論が深まり、気がついたら夜になってしまっていた。お酒が好きな關谷先生は私たちに美味しい日本酒を振舞ってくれた。いつものように、先生はお酒を飲みながら私たちにさまざまなことを問いかける。

先生　これからの社会は、科学技術の進歩とともにどう変わっていくと思う?

ソラ　便利なことも多くなるけれど、リスクが伴うこともあるんじゃないでしょうか。

アンナ　人間の仕事が機械に取って代わられたり、情報が漏洩したり、操作されたり……。

シオリ　そういえばこの間、欲しいものをスマホで検索して、その後別のアプリでＳＮＳを開いたら、さっき検索したものの関連商品が広告で流れてきてめっちゃ怖かった。

マイ　ＡＩがこの世界を支配するみたいな映画を見たことがあるけど、それが現実に起こったりするのかな？

先生　人工知能が人類の能力を追い越して、文明の主役になることをシンギュラリティっていうんだっけ⁉ そんなことがこの先起こるかもしれないね。シンギュラリティはまだにしても、社会の変化は既に始まっているんじゃないかな。人間がＡＩを使っているという構図になっているように見えて、実はそうじゃないかもしれない。

シオリ　どういうことですか？

先生　正確に言えば、ＡＩを使う人間とＡＩに使われる人間に分かれている。例えばさっきのシオリの話でいうと、シオリがＡＩの示す商品をまんまと買っていたとしたら、それはＡＩを使う人間に利用されているということにならない？

アンナ　確かにそうですね。ＡＩを使う側になるか、ＡＩに使われる側になるか……。

ソラ　少なくともＡＩに使われる側の人は、リーダーにはなれないですよね。

マイ　ＡＩに使われる側にならないためにはどうしたらいいんやろう。

シオリ　便利なところはどんどん使っていいと思うけど、頼りすぎないってことなんじゃないかな？ なんでもかんでも機械に頼るんじゃなくて、ちゃんと自分の頭で考えないと使われる側になってしまうんじゃない？

マイ　確かに！ 最近はインターネットでなんでも調べられるから、何かを思い出すときもスマホに頼ってしまってるな。このままじゃ記憶力が衰えちゃいそう。

アンナ　コミュニケーション能力も同じことがいえますよね。ＳＮＳが普及して、直接顔を突き合わせて話をする機会は減っているような気がする。友達と連絡が取りやすくなって便利にはなったけど、それぱっかりに頼っていては、コミュニケーション能力も衰えていく気がする。

ソラ　今はインターネットをつなげば人と話ができて情報交換ができる。井戸端会議で情報を得ていた昔に比べると、人や社会との関わりが希薄になっているかもしれないですね。

先生　そうだね。でも、人間は一人じゃ生きられない。今日食べたごはんも、今みんなが着ている服も、一人では賄えない。世界中のたくさんの人の手によって成り立っていて、自分はそんな社会に生かされている、ということをもっと自覚しなければいけない。

マイ　世界中の人がそういう風に考えられるようになったら、争いもきっとなくなるのになあ。

ソラ　どうすればそんな社会を創ることができるんでしょうか……。

シオリ　やっぱりみんなが勉強して、いろいろなことを知って、感じて、考えることが大事なんじゃないんでしょうか。その学びの過程で大切なことに気づくというか……。

先生　そのとおり。机の上の勉強も大事だけど、自分の足で情報を集めることや、さまざまな経験を通して学び、思考力や判断力を鍛えることがもっと重要だね。テストでいい点数を取ることは確かにすごい。だけど、君たちのように開発途上国で過ごしたり、こういった勉強会を続けたりすることの方が、これからどんどん複雑化していく世の中を渡っていくために必要なことだと思うよ。あるいは、より良い社会を創っていくためにね。

みんなが幸せな世界

ソラ　そういえば、「人は幸せのために勉強する」っていう仮説を立てて勉強会をしたときも、勉強して社会や他者に貢献することが自分の幸せにつながるっていう話になりました。まさに、マイが言ったような争いのない世界だとか、みんなが幸せだと感じる世界を築くために学ぶ必要があるのかもしれませんね。

先生　でも、「みんなが幸せな世界」ってどんな世界なの？

マイ　やっぱり、争いごとのない世界じゃないですか？

シオリ　でも、戦争で儲けている人もたくさんいるわけで……。争いごとがある世界の方が都合のいい人もいますよね。聖戦と信じて、自分の正義を貫いて戦う人もある種幸せなのかもしれないし。

ソラ　幸せって、人それぞれ違うもんね。難しいな……。さっきの話みたいに、社会に貢献することが幸せだと思う人もいれば、どんなことをしてもお金を儲けることが幸せだと思う人もいる。

アンナ　今でこそ選択肢が増えてきたけど、結婚して子どもを産むことが女の幸せだって言われていた時代もありましたしね。

先生　そう。「幸せとは何か」、これは難しい問いなんだよね。時代によっても、住んでいる場所によっても違う。君たちは開発途上国という日本とは全く違う環境で過ごしてみて、そんなことは考えなかった？

アンナ　私は、世界平和に貢献したい、世界中の人々に幸せになってほしいという想いがずっとあって、カンボジアでのボランティア活動に参加しました。現地で出会った多くの人々の家には、お風呂もなければテレビもない。経済的にも貧しい。でも、カンボジアの子どもたちの笑顔はとってもキラキラしていて、毎日元気に裸足で走り回っていた。貧しくても、彼らは十二分に幸せな生活を送っているように見えたんですよね。

マイ　貧しいからって毎日ふさぎ込んでるわけじゃないもんなあ。

先生　彼らにとってはその日常が当たり前だからね。

アンナ　私は日本で毎週末、児童合唱団のお手伝いをしているんですけど、帰国した後に感じたことがあって。日本の子どもたちは、カンボジアの子どもたちのような一二〇％の笑顔を見せることがあまり多くないように思ったんです。

シオリ　どういうこと？

アンナ　例えば、日本の子どもたちは塾、部活、習い事に明け暮れて忙しい毎日を送っているから、なんだか疲れているように見えたんよね。

ソラ　確かに。日本の子どもたちって恵まれているけど、ストレスも多そう。

アンナ　合唱団の子たちはほとんど当たり前のように義務教育を修了できて、塾や習い事とか、学校以外にも意義のある活動に取り組める環境にある。だけど、今この瞬間を生き生きと過ごしているカンボジアの子どもたちと比べると、どちらが幸せなのだろうと考えさせられたなあ。

マイ　うーん。難しいよね。私は、幸せって定義づけられるものではないと思うな。

ソラ　なんでそう思うの？

マイ　私は高校生までフィリピンで育った。フィリピンでは、家がなく生活が苦しい状況だったとしても、家族がいるから幸せって答える人がほとんど。一方で、日本では、何よりも安定した生活が大事って考えている人も多いやろ？

シオリ　家族がいても、生活が安定していないと幸せどころか不安になってしまうからかもね。

マイ　どっちの方が幸せかなんて、誰にも決められない。例えば、私のお母さんは幼いころにお父さんを亡くして、家族を養うために働き始めた。お母さんは弁護士になりたかった夢を諦めて、家族に仕送りをするため日本に移住して働き続けてきてん。言葉もわからず、頼れる人もいなくて大変だったと思う。それに、夢を諦めたことも、本当は悔しかったと思う。でもお母さんは、「家族が幸せに過ごしていることが幸せ」っていつも言ってる。

先生　素敵なお母さんだね。

マイ　私はそういう母が偉大だと思います。でも、母は例外ではなくて、フィリピンではそういう考え方の人が多いんですよね、支え合う家族や仲間がいれば、どんな状況でも笑顔でいられるって。

先生　そうだね。日本は先進国で、比較的豊かな国の一つ。でも、満員電車のサラリーマンの疲れ切った顔を見ると「幸せ」って何なのか考えさせられるよね。これはずっと日本にいると、気づきにくい視点だったりする。

ソラ　私にとっても開発途上国での生活は、日本での生活を客観視するいいきっかけでした。

シオリ　どこでどんな活動をしてたんやっけ？

ソラ　ラオスで高校生支援のボランティアに参加して、勉強を教えたり生活のサポートをしたりしてた。

アンナ　高校生かあ……。どんな感じやった？

ソラ　現地の高校生が住んでいる寮は、ガスなしのボロボロ寮やった。食事は一日一〇〇円以下の予算で自炊していて、洗濯は手洗いという大変な環境。でもそんな中、彼らは「高校に行けて、勉強ができて楽しい！嬉しい！」と言って毎日自主学習もしてた。

先生　そんな大変な環境で、勉強熱心な高校生やなあ。

ソラ　そんな様子を見て、自分は恵まれた環境下で大学に通えていることを当たり前に感じていたと気づきました。それまでは、良い成績を取ることに必死で、正直、勉強の楽しさや勉強できるありがたみを感じることはほとんどありませんでした。ラオスの高校生は、勉強できることの尊さを日々感じながら勉学に励んでいる。当たり前のように大学に通う私と彼らとでは、どっちが人間的に素敵なのだろうと考えさせられましたね。

先生 日本の当たり前は、この世界の多数の国々にとって当たり前ではないからね。それに気づくためには、日本を飛び出して、世界を鏡に日本を振り返らなければならない。比較するものがなければ、客観的に考えることはできないからね。

シオリ 確かに、国によって当たり前は違うし、人によって幸せの定義は違いますよね。でも、人間の本質はどこもそんなに変わらないんじゃないでしょうか。

マイ どういう意味?

シオリ ザンビアで初めて一人暮らしをしたとき、日本人がほとんどいない、日本のことも全然知られていない、文化も言語も全然違うことに最初寂しく思ってたてん。

ソラ そりゃ寂しくもなるよなあ。

シオリ でも、ザンビア人の同僚やご近所さんと接していく中で、みんなが赤ちゃんの笑顔に癒されているし、お年寄りには長生きしてほしいって思っているし、お喋りが好きで、美味しいものが好きで、結婚生活・育児・家事は大変そうで、悲しいニュースに心を痛めて、困ったときは助け合って……。

アンナ 場所が違っても人間はあんまり変わらないって思ったんやね。

シオリ そう! 異文化を越えて、楽しい気持ちや悲しい気持ちは共有できると思った。

先生 なるほどなあ。

シオリ だから、難しいだろうけど「みんなが幸せな世界」って、実現可能だと思います。少なくとも諦めちゃいけないと思う。たまたま豊かな日本に生まれて、大学生として勉強することができる私たちこそが、そんな世界を創っていく責任があるんじゃないかって思うんです。

先生 いい意見だね。ただ、答えは決して一つじゃない。正しい答えを導き出すことよりも、考えることが大事なんだよ。考えて、仲間と一緒に語ること、それが大事なんだ。

先生が投げかける答えのない問いについて、私たちは一生懸命考え、語り合う。議論が深まっていくにつれ、これまで私たちが必死で追いかけてきた「なぜ勉強しなければならないのか」という問いや、それを追求することの意味がわかってきたような気がした。

夜が更けるにつれ、私たちの追い求めていたものの最終章が見えてきた。

そのままセミナーハウスに泊まって、翌日も引き続き朝から四人で勉強会。

この日は午前中で切り上げたが、帰り道でも私たちの議論は続く。

マイ　昨日の先生との話、面白かったなあ。ＡＩの話はちょっと怖かったけど、めっちゃ興味深かった。

ソラ　これからの時代、ＡＩとは切っても切り離せない関係になっていくんやろうなあ。もう既に少しずつ始まってる気がする。

シオリ　ＡＩがどんどん進化していったら、今の私たちにとっての当たり前も、人間が描く幸せの形も変わってくるんかな？

アンナ　ＡＩによって、世の中はより便利になると同時に複雑になるんじゃないかなあ。ＡＩによっていろんなことが変わるだろうから、日常や幸せの形も変わるかもね。

ソラ　まさに新しい時代やね。この勉強会では「勉強」について扱ってるけど、勉強の仕方も意味も、ＡＩの進歩によって変わっていくのかもしれない。

マイ　先生が言ってたシンギュラリティが本当に起こったら、人間が勉強する必要はもうなくなるんかな。

アンナ　ＡＩに使われる側にならないためには勉強し続けないといけないと思う。昨日シオリが言ってたみたいに、ＡＩに頼りっきりで自分の頭で考えられない人間は使われる側になってしまうよ。

シオリ　次の勉強会は、ＡＩについて議論してみよっか。この新しい時代に「なぜ勉強するのか」を考える上で大事なテーマのような気がする。

ソラ　私たちがこれから生きていく社会の話やもんね。重要なポイントやと思う。

マイ　賛成！　難しそうやけど、面白そう。

アンナ　さっそく帰り道に地元の図書館寄って、いっぱい本借りてくる！

こうして私たちは、ＡＩについて、そして新しい時代について考えてみることにした。

フィリピンはジェンダーギャップが少ない国として知られています。政治、経済、健康、教育などのさまざまな分野における男女格差をランク付けしている World Economic Forum による Gender Gap Index において、2020 年、フィリピンは世界 16 位にランクインしています。これは、他のアジア諸国と比較しても群を抜いて高い成績です。

現地の友人に話を聞いたところ、フィリピンは男女を問わず識字率、就学率が高く、高等教育に関しては就学者に占める女性の比率の方が高いほどだそうです。さらに、女性の方が中退率が低く、成績も良いことが多いそう。また、大家族で助け合う文化を大切にするフィリピンの人々にとって、勉強することは家族や近しい人を豊かにすることだと考えられているそうです。

私はフィリピンの私立学校で初等教育、中等教育を受けました。フィリピンの私立学校では初等教育からグループワークが非常に多く行われていました。

人間性を重視した教育を行っていたため、1 週間かけて体育祭や文化祭を行うなど、学年の団結力を問うものや、それぞれの才能が発揮されるような機会が設けられていました。公立でもイベントや行事は行われており、公立私立関係なく課外活動は大切にされていました。

また、フィリピンの人々は家族をとても大切にするため、家族を巻き込んだ行事が多くあります。私が通っていた学校では、家族全員を招待し、1 学期間練習した劇やダンスなどを発表するイベントがたくさんありました。

Philippines

フィリピン

人口：約 1 億 98 万人（2015 年国勢調査）
面積：約 29.94 万平方キロメートル
言語：フィリピノ語（タガログ語）および英語
宗教：キリスト教、イスラム教

教育システム

フィリピンでは、初等中等教育合わせて 12 年間が義務教育です。公立と私立とで教育の質の差が一向に縮まらないことが問題視されており、公立では、教室や教員の不足により、昼と夜に授業を実施する二部制が採用されています。

学校で使用される言語は主に英語で、国語だけタガログ語で行います。初等教育の純就学率は男性 94％、女性 98％、前期中等教育の純就学率は男性 59％、女性 70％です（2017）。

フィリピンの高い英語力

フィリピンの教育や文化は、多くの国に影響されています。

英語を話せる国民が多いのはアメリカによる植民地政策の影響です。

アメリカが多言語多民族のフィリピンを 1 つの国としてまとめるために持ち込んだ英語教育により、フィリピンの人々は英語を流暢に話すことができます。

英語を使って海外進出する国民も多く、海外への出稼ぎは国をあげての経済対策としてなされています。

VS AI時代

AI以上の物知り博士はいない

近年、ＡＩ技術によって、社会が大きく変わろうとしている。

巷では、将来あんな仕事やこんな仕事がなくなると言われていたり、囲碁や将棋でプロがＡＩに負けたりとショッキングなニュースを聞くことが増えた。ＡＩができるのは、今や覚えることだけではない。囲碁や将棋では、先人の棋譜からＡＩが自ら学習することで、世界最強の棋士たちを打ち負かしていっているのだという。

この自ら学習するという技術で、ＡＩは私たち人間の生活を便利にしている。車の完全自動運転の実用化はもう目前に迫っており、空港での出入国ゲートの自動化も進んでいる。そうなれば、事故を少なくすることができるし、空港で大行列に並ぶ必要もなくなる。完全なＡＩ社会が実現すれば、もっと便利な世界になるのだ。

私たちはＡＩの手のひらの上!?

しかし、ＡＩは生活を便利にするだけではない。私たちの生活の糧である仕事を奪いかねない。ＡＩができる仕事をする人間は必要なくなるのだ。

自動運転が実用化されれば、さまざまな運転手の職は徐々になくなっていく可能性がある。出入国時の自動化ゲートも無人化が目指されており、近い将来、空港から入国審査官がいなくなるかもしれない。

そんなＡＩが活躍する社会で必要な人とは、いったい誰なのだろうか。それは、無論ＡＩを活用する人たちだ。

マイ　もっと前から目をつけて、ＡＩのこと勉強しておけばよかった！

アンナ　私の仕事、ＡＩに取られることないかな。

ソラ　ＡＩのことをわかってないと、これから活躍できないのかな。

私たち四人は、ＡＩの仕組みなんてほとんどわからない。私たちモラトリアム学生は、このままＡＩ社会で奴隷になってしまうのだろうか。もちろんそんな人生は嫌だ！　でもどうしたらよいのだろうか。

AIって何者？

ソラ　「彼を知り己を知れば百戦殆《あやう》からず」って言うやん。まず、私たちは敵について知らないといけないんじゃない？

「人工知能」という言葉は一九五六年に生まれた。私たち人間の思考、すなわち脳での働きは電気信号である。したがって、思考を記号に置き換えれば、脳と同じ働きをするものを作れるはずだ。つまり、ＡＩは人工の脳を目指したものであるのだ。

ＡＩはこれまで数段階に分けて発展してきた。

まず、第一次ＡＩブームは、人間の思考回路を記号で表現し実行することが可能となったことから始まる。これはチェスや将棋、迷路など、定められたルールのもとでの環境で活用された。

しかし、私たちの生きる現実では、ゲームよりはるかに複雑な問題に対処しなければならない。チェスや将棋で人間に勝つ人工知能は、現実で何の役に立つのか。

こうして、ＡＩムーブメントは静まっていくこととなった。

第二次ＡＩブームでは、コンピュータと対話ができるようになった。私たちにとって一番身近な存在では、iPhoneのSiriが挙げられるだろう。Siriに何か困ったことを相談すると、解決手段を教えてくれる。

この時期にできるようになったことは、人間が目や耳を使って見出している、現実の特徴や意味を記号で表し、そしてそれをＡＩに記憶させることだ。例えば、人間は犬を犬と認識するし、猫を猫と認識する。友達のＡさんのことはＡさんと認識し、親しく接する。先輩のＢさんのことはＢさんと認識し、かしこまった態度で接する。ＡさんやＢさんを区別できるのは、彼らの特徴を無意識のうちに感じているからこそなのだ。ＡさんとＢさんとで態度が変わるのは、関係によってふさわしい態度があると知っているからだ。こうした人間が認識している何かを、記号で表してＡＩにインプットすることができるようになったのだ。

しかし、このＡＩには一つ問題がある。この完成には、途方もない年月が必要とされるのだ。なぜなら、インプットしないといけない情報は無限にあるからだ。周りを見渡して目に映るものだけでも、人は多くのものをそれが何であるか認識し、それぞれの用途を理解しているということを感じられるだろう。

この技術は、ＡＩにとって大きな一歩ではあった。しかし、すべての情報をＡＩに与えるのはとても現実的ではない。そして再び、ＡＩブームは下火となった。

三つ目のきっかけが機械学習、そしてディープラーニングだ。まず、機械学習の技術によって、機械自らが学習するようになった。コンピュータは、これまでにインプットされた知識のパターンから、可能性の高い答えを導き出す。導き出した答えが間違いだったとしても、それは間違いだと学習したことになる。結果的に精度が上がっていくのだ。

しかし、この機械学習の技術をもってしても、人工知能の実現はいまだほど遠いものだった。完全な人工知能は、現実からある特徴を捉え、それに意味づけをすることができる。

しかし、機械学習の段階においても、人間が現実の何にどんな特徴を捉えているかを、人間がコンピュータに教えないといけないということには変わりなかった。ＡＩは自らパターンを学習するようにはなったが、学習教材となる情報を人間が与えなければならないのだ。これでは、ＡＩがすべてを正しく認識できるようになるまでに、膨大な時間がかかってしまう。

この状況を打開したのがディープラーニングだ。これにより、コンピュータ自らがデータから特徴を見出せるようになった。人工知能が抱えていた大きな壁に突破口が見つかった今、ＡＩは飛躍的に進歩することが予想される。そのため、これからの社会の在り方を見ていくためには、ＡＩの動向に注目していく必要があるのだ。

マイ　ＡＩって昔から研究されてきたんやな。

アンナ　私も思っていたより前のことだったな。でも、今これだけＡＩが注目されているのは、それだけ大きな技術革新があったからなんだね。

AI時代の「騎士道」

ソラ　ＡＩの登場で、情報はいくらでも手に入るようになった。これからは、それをいかに使うか、倫理観が大切になるんじゃないかな。

新しい技術革新が起こると、人間のライフスタイルにも大きな変化を起こすことができる。それは、社会を良い方向に動かすこともできれば、悪い方向に動かすこともできるのだ。

歴史を振り返ってみると、技術革新が起きたとき、その活用方法の判断を誤ったこともあった。その一つに挙げられるのが、原子エネルギーを発見したときだ。このとき、人はまず原子力発電所を作ったのではなく、原子爆弾を作った。そして、それは多くの罪のない人々の命を一瞬にして奪った。

今、私たちが直面しているＡＩ革命で、働き方から私生活まで大幅に変わっていくことが予想されている。私たちは、ＡＩを使ってこれからどんな社会にしていくのか。私たちには、答えのない問題を考え続けるチカラが求められている。

参考文献

松尾豊（二〇一五）『人工知能は人間を超えるか――ディープラーニングの先にあるもの』ＫＡＤＯＫＡＷＡ。

マレーシアは「ビジョン 2020」を掲げ、2020 年までに先進国入りすることを目標としていました。2020 年になった現在、「シェアード・プロスペリティ・ビジョン 2030 (SPV2030)」を新たに掲げ、引き続き先進国入りすることを目指しています。そんなマレーシアにとって、高等教育の充実は急務です。

また、2000 年より「スマートスクール計画」と呼ばれる教育の IT 化に力を注いでいるなど、高等教育を含む教育の質の拡充に力を注いでいます。

本編と同じ内容のアンケート調査を現地の学生に実施したところ、大学生活で重点を置いているものとして「授業」「国際交流」「インターンシップ」「自主学習」などが多く挙げられました。大学に来る目的としては、「専門知識を得るため」「大学卒の学位を取得すること」が挙げられています。

私はマレーシアのマラヤ大学に留学していました。そこで見たのは、非常に勉強熱心な学生たちの姿。テスト前でなくても、毎日図書館は勉強する学生で溢れかえっていました。自習ができる勉強スペースは 24 時間開かれていて、徹夜で勉強する学生もたくさんいました。私もテスト前はそのスペースでお世話になり、日が昇るまで勉強して、そのままテストを受けに行っていました。現地の学生に将来の夢を尋ねてみると、国のためになることがしたいという回答がたくさん。ここには「エリート」が集まっているんだと感じることが多かったように思います。

就職してある程度のキャリアを積んでから大学に入学するパターンもよく見られ、講義では年齢がバラバラの学生が集まって、幅広い視点から議論が繰り広げられていました。

Malaysia

マレーシア

人口：約 3200 万人（2019 年データ）
面積：約 33 万平方キロメートル
言語：マレー語（国語）、中国語、タミル語、英語
宗教：イスラム教、仏教、儒教、道教、ヒンドゥー教、キリスト教など

教育システム

マレーシアでは、初等教育が 6 年、中等教育が 5 年、大学予備教育が 1 年～ 1 年半です。

公立学校に通う場合、中等教育までは無償になります。多民族国家なので、中国語やタミル語で授業を行う学校もありますが、どの学校でもマレー語は必修です。

初等・中等教育の就学率はほぼ 100％。四年制大学進学率は 45％です（2019 年）。

大学予備教育終了時に国家統一試験があり、この成績で進学先が決定されます。

学校のはじまり

イスラム教の伝来以降、コーランの読み方やアラビア文字、イスラム法について学んでいたのがマレーシアの学校のはじまりです。

その後、イギリスの植民地政策によって英語教育・世俗教育が広まりました。当時のイギリスの統治政策はマレー系と中華系の間に格差を生み、独立後その差を埋めようとマレー系を優遇する「ブミプトラ政策」が実施されます。

現在でもマレー系に対しての特別奨学金制度などの優遇措置や、マレー系のエリートを養成する全寮制中等学校があります。

新しい時代を生き残るには

求ム！ 新しい時代のリーダー

今の時代、どんな生き方をするのも自由だ。

自由が与えられているのは、モラトリアム学生だけではない。

少なくとも昔に比べて、私たちは自分で自分の生き方を選択しやすくなった。例えば、かつては私たち四人のような女性が大学で勉強することが許されない時代があった。しかし現在、私たちの所属する国際学部の過半数の学生は女子である。

どんな服を着たっていい。

どんな仕事を選んだっていい。

どんな人を好きになってもいい。

一方で、ＡＩ時代に加え、グローバル化、格差の拡大、環境問題など、この世界はどんどん複雑化している。

私たちはそんな世界を生きていかなければならない。
いかに生きたいか。
少なくとも私たちは、時代の流れに身を任せ、ただただ息を吸って吐いて人生を終わらせたくはない。自分の頭で考え、心で感じ、能動的に生きていきたい。自分たちが社会を創っていくという自覚をもって生きていきたいのだ。
そこで私たちは、この新しい時代を引っ張り、社会を創っていくリーダーに必要な要素について考えてみた。

ソラ　自由が与えられている環境で勉強し続ける学生がすごいのと同じで、社会人になって日々忙しい環境でも能動的に勉強し続けられる人じゃない？　そういう人がリーダーになっていくんじゃないかな。

マイ　確かに。私たちの先輩もそうやもんな。

私たちが所属するゼミのＯＢＯＧたちは、各々が忙しい中、世界情勢や日本の政治についての勉強会を定期的に実施している。さらに、日本のどこかで災害が発生すればすぐに駆けつけ、ボランティアとして社会貢献活動を続けているのだ。私たちがこの勉強会を始めたのも、そんな先輩たちに刺激されたからというのが一つの理由としてあった。

アンナ　先輩たちが勉強会で学んでいることにも関連するけど、リーダーになる人は世界や日本のことを横断的に理解できていると思う。国のリーダーであっても、社会のリーダーであっても、今日本を含む世界で何が起こっているのか、流れを把握している人がみんなを引っ張っていけるんじゃないかな。

シオリ そのためには、情報の取捨選択ができる必要があるよね。今の世の中には情報があふれていて、中にはフェイクニュースや偏ったものがいくつもある。情報の本質を捉えたり、疑ったり、文字情報だけに頼るんじゃなくて背景を疑うことができる人、そういう人がリーダーにふさわしいと思う。

マイ 一歩引いて、全体を俯瞰できる能力も必要だと思うな。目の前のことをただこなすのではなくて、その先のステップを意識したり全体の様子を考えた上で取り組んだりすることができる人。最近、内定者アルバイトに参加しててよく思うけど、会社全体の利益を考えて働いているリーダー的な人ってそんな風に物事を考えている気がする。

議論の中で挙げられた新しい時代のリーダーに必要な要素は、

- 自ら能動的に勉強し続ける
- 世界や日本を横断的に理解できている
- 情報の取捨選択ができる
- 大局観をもっている

であった。

リーダーはどうやって育成されるの？

しかし、私たちが考えた要素をもつリーダーはどんな風に育成されるのだろうか。リーダーとなって周りを巻き込み、引っ張っていく主体性はどう育まれるのだろうか。

ソラ　当事者意識をもつことが、主体性をもつ一歩だと思う。自分には関係ないやって流れに身を任せるんじゃなくて、自分たちで取り組まないと！って向き合う姿勢って主体的じゃない？

アンナ「自分たちで」っていうのは結構キーワードやと思う。自分はどこかに属していて、そのグループのためにも動かないと！っていう気持ち。アドラーの本に「共同体感覚」っていう言葉があったけど、まさにそういう感覚をもつのが大事なんじゃないかな。

ソラ　そう考えると、そういう帰属意識みたいなものをもってる学生って少ない気がする。SNSの影響もあって、周りとの関係性が希薄化してるっていうか。こんな風に、直接会って議論し合ったり本音を話したりする機会ってこの勉強会以外にそうそうなかったし。

マイ　そもそも「リーダーになりたい」とか「リーダーにならないと」って考えてる大学生は少ない気がする。私が昔住んでたフィリピンでは、大学って将来リーダーになる人が行くところって感じやったけど。

確かにマイが言うように、海外では大学に進学する人＝リーダーである場合が多い。私たちがこれまで訪れてきた開発途上国では、特にそれが顕著である。初等中等教育を経て高等教育を受ける者はいわゆる「エリート」であり、将来その国の発展を担うリーダーとなるのだ。また、欧米でもエリートを育成する教育が存在する。寄宿舎制度や飛び級制度がこれにあたるだろう。しかし、日本の大学は、リーダーを育てる場になっているだろうか。

大学は歯車生産工場でいいの？

これまでの議論を踏まえて考えてみると、日本の多くの大学はリーダーを養成する場ではなく、時代の流れに乗っかり、社会の歯車となる人材を養成する場になっていないだろうか。

日本の大学はそもそもどういう目的で建てられたのか。

世界で大学はどのような機能を果たしてきたのだろうか。

大学史において、中世に設立されたボローニャ大学、パリ大学、オックスフォード大学、ケンブリッジ大学が最も古い大学として知られている。教育学者の中澤渉の著書「日本の公教育」によると、これらの大学では神学・法学・医学の三つを学ぶための準備教育が学部の基本とされていた。大学は、知識の蓄積、伝達、創造の場として機能していた。その後、ドイツのベルリン大学で自然科学を取り入れた哲学部が設置され、教育と研究を一体として進める大学革命が起こった。ちょうど同じ時期に、ヨーロッパでは実学に対する需要が高まり、工学、農学、商学などを学ぶ専門学校が普及した。

また、アメリカにとっての大学は、キリスト教のさまざまな宗派がそれぞれの教義を広めるために設立されたものだったという。一九世紀までは、寄宿舎が教養教育を実施する場でもあった。アメリカにおいて、大学の運営はキリスト教の各宗派や富裕層、企業、地方政府からの寄付で行われていたため、自ずとエリートを育成する場として機能していたのだ。

日本の大学の歴史は、明治新政府がエリートを欧米に派遣し、高等教育を含むさまざまな制度や技術を吸収していったことから始まる。

当時の明治新政府は、各官庁に専門性の高いエリート人材を求めていた。そのため、高等教育制度には欧州の専門学校に近いものを採用した。しかし、この教育政策は財政を圧迫し、これらの専門学校は、「帝国大学令」で東京大学が設立された後に学部として吸収されることとなる。

その後も、日本において大学は、エリート教育の場として機能していた。実学志向の私立の専門学校が次々に設立されていっても、その時点において大学の数は限られていた。つまり、エリートを養成する「大学」と職業人を養成する「専門学校」との間には線引きがあったのだ。

しかし戦後、「学校教育法」が公布され、多くの専門学校が「大学」になったことで、大学の数が急増した。師範学校も大学の教育学部として取り込まれた。各都道府県に一つの大学が設立されたことで、日本における高等教育の進学機会は拡大した。その一方で、大学の本来の役割は揺らいでしまった。

現代の日本において、大学に進学することはもはや珍しいことではない。そして、それは決して悪いことではなく、国が豊かだという証拠でもある。国民の一人ひとりが、社会を創っていくという自覚をもつことができれば、日本はこの複雑な世界を強くたくましく生きていくことができるだろう。

しかし、現在大学で学んでいる学生たち一人ひとりは、自分が職業人となって社会を担う、あるいはエリートとして国を引っ張っていく気概をもっているだろうか。

そんな学生が、出席カードを友達に書いてもらうだろうか。

そんな学生が、授業中後ろの席でペチャクチャ喋るだろうか。

大学は、学生たちが将来社会を創っていくリーダーになれるよう、視野を広げる機会や学ぶ機会を学生にたくさん提供している。

しかし、多くの学生はそれを就職活動のためだけに利用していないだろうか。

より良い就職をするためにとりあえず大学に行く。大卒という学歴を得るためにとりあえず単位を取る。就職活動で有利になるようにとりあえず留学に行く、インターンに参加する、ボランティア活動をする。

受け身のまま、流されるがまま四年間を過ごす学生は、立派な歯車として大学を卒業する。

社会に出て、どんな人材としてどんな風にこの時代を歩んでいくのかを自分の頭で考え、自分と対話し、世界と向き合う学生こそが、社会を創るリーダーとして大学を卒業するべきではないのか。

一人ひとりが新しい時代のリーダーとなるための学びは今の大学で可能なのだろうか。

参考文献

中澤渉（二〇一八）『日本の公教育――学力・コスト・民主主義』中公新書。

小林雅之（二〇〇四）「高等教育の多様化政策」『大学財務経営研究』第一号、五一―六七頁。

国際協力機構（二〇〇五）『日本の教育経験――途上国の教育開発を考える』東信堂。

新しい時代のリーダー、あなたはなれる？

私たち大学生は人それぞれ違った目標や目的をもって大学で勉強している。しかし、目まぐるしく変化する新しい時代を生き残るには、生涯に渡って学び続けなければならない。そのためには能力・素養・意識を身につけることが必要だ。最近、「生涯学習」という言葉が聞かれるように、まさに学び続けることが大事だというのは、今や世界の常識となりつつある。もちろんそのための基盤として、知識や技術の習得は必要不可欠だ。机に向かい、ノートとペンを使って、問題を解いたり、暗記したりする。「勉強」と聞いて多くの人がまず想像する光景だ。

しかし、大切なのはその点数や資格の数ではない。より大事なのは、「知識」ではなく「知性」である。「知性」とは、「感覚によって得られた物事を認識・判断し、思考によって新しい認識を生み出す精神の働き」である。得た知識を活用して、新しいものを生み出すこと。つまり、答えのない問題を考えようとする姿勢、力だ。

今後共存、競争していくであろうAIが活用するのは知識である。知識を習得する量、スピードでは、私たち人間はAIには敵わない。

しかし、そんな膨大な知識をもっているAIにだって、凄まじい勢いで変わっていくこの世界の将来のことはわからない。

AIにできず、私たちにはできること。

それは、答えのない問いを考え続けることである。

答えのない問いを考え続けるには、その基盤としての知識の習得はもちろんのこと、広い視野で物事を考え、さまざまなことを経験していく必要がある。先の議論にもあったが、私たちには自由が与えられている。自由な枠の中で、自分自身で挑戦を続け、学び続けることができるかどうか。それが、この新しい時代を生き残るための鍵なのではないだろうか。

また、大学のキャリア関連の授業などで、社会人になる上で「リーダーシップ」が大事だと教えられたり、「リーダーになれ」という言葉を耳にしたりするが、リーダーになるとはどういうことだろうか。

よく政治家を「国のリーダー」と呼ぶことがあるが、政治家だけがリーダーではない。世界には、いろいろな種類のリーダーがいる。

「リーダー」というのは、単に役職のことを指しているわけではない。例えば、社長ではなく社員として働いていたとしても、リーダーシップを発揮して人々をまとめ、会社のために尽くす人は立派なリーダーである。また、威勢よく人々を導かずとも縁の下の力持ちとしてコツコツ主体的に取り組み、周りの見本となったり、そのチームの士気を上げたりする人も立派なリーダーである。

これまで私たちが議論してきたように、多くのリーダーが共通してやっていることは、情報を取捨選択し、優先順位を見極め、目の前のことに精一杯取り組むこと。そして、リーダーに必要なのは、自ら考え、判断を下しながら常に前進し、挑戦し続けること、学び続けることではないだろうか。

挑戦を続け、学び続けるにはどうしたらよいのか。

それは、私たちが「どうして勉強しなきゃならないのか」を突き詰めてきたように、「何のためにやるか」を考えることにあるのかもしれない。

この複雑な世界において、目まぐるしく変化する時代において、本当の意味で生き残るためには、自分が「何をやりたいか」だけに着目するのではなく、「何のためにやるか」ということを考えるべきだ。

私たちは、アンケート調査や議論を通じ、自己実現ではなく、目的意識をきちんともって、周りのために、社会やコミュニティのために、ひいては自分のために学ぶことが重要なのだということに気づいた。

振り返ってみれば、それ以外にも私たちは勉強会を通して多くのことを学んだ。

テーマはたまたま「なぜ勉強するのか」だった。これまで特に疑問をもたずに勉強してきた私たちにとって、改めて勉強する意味について考えることは新鮮だった。

文献研究やアンケート調査を通して、人は幸せのために勉強するということ、大学に来る目的が学部や専攻によって違うこと、たくさん勉強する人は、明確な将来の目標をもっているということなど、さまざまなことを発見した。

しかし、この勉強会はそれを解明するためだけの勉強会ではなかった。

約二年間、この勉強会を続けていくのは本当に大変だった。三年生になってたまたま同じゼミを選んで出会った四人。四人それぞれの考え方や性格はもちろん違う。忙しさやキャパシティも違う。それぞれが違ったタイミングで優先したい事項も変わってくる。特に四人中二人が海外に行ってしまった三年生の後半と、就職活動が本格化した四年生の前半は本当に厳しかった。

勉強会を続けていく意味があるのか、何度も自問自答した。

そんな中、四人ともが共通していたこと。

それは、「成長したい」「学びたい」という想いだった。


私たちが所属するゼミでは、年度初めにモットーを決めるというルールがある。元日に一年の抱負を書初めするようなものだ。それを私たちは「生き方宣言」と呼び、それぞれが紙に書いて研究室の壁に貼っている。改めて私たちが書いた生き方宣言を振り返ってみる。

教養のある社会人になる、妥協せず自分を成長させる、余裕のあるスケジューリングで急な変化にも対応できるようにする　アンナ

善の心を忘れず、好きな人も知らない人も分け隔てなく全力で思いやりをもって接する人になる。どうせ同じ時間を使うなら、中途半端にではなく一〇〇％の力を尽くして取り組んでいく　マイ

勝つことよりも、負けないこと　ソラ

ココロとカラダを強くする、周りの人を大切にする、山椒は小粒でもぴりりと辛いの体現　シオリ

私たちは自省し、自分と向き合ってこれらの生き方宣言を掲げている。それぞれが自分の言葉を使って表現しているが、そのどれからも「成長したい」「学びたい」といった想いがあふれている。

その想いが同じだったからこそ、四人四色の私たちは勉強会を続けることができた。また、四人で一緒に歩んできたからこそ、お互いがその熱い想いをもち続け、切磋琢磨することができた。

それぞれが、この勉強会を通して学んだことがある。それは、主体的に学ぶことやチームで協力し合うことの大切さだ。私たちは、自らの頭で考え、成長することができた。

この勉強会をやり遂げることができた私たちは、社会に出てからも挑戦し続け、貪欲に学び続けることができるだろう。

それらはきっと、私たちが新しい時代を生きていく上で役に立つはずだ。

ミャンマーでのアンケート調査では、回答者のほとんどが教育大学の学生でした。

そのためか、回答者全員が「勉強が好き」と回答しました。また、「勉強が必要だ」と考えている人の主な理由は、「知識やスキルを得られるから」でした。一方で、「勉強は必要ではない」と回答した人は 10%いました。

現在、ミャンマーでは暗記型教育からの脱却を図っています。そのためか、思考力のトレーニングをしている人が 80%もいました。これは、軍国主義時代の反省も影響していると思われます。実際、トレーニングをしている理由として、「プロパガンダに染められないため」と回答した人もいました。


私は、ミャンマーへ初等・中等教育の視察に行ったことがあります。そこで印象深かったことは、教員の権威が非常に強いことです。都心の公立学校ではクラスサイズが非常に大きく、1 クラス 80 人近いクラスもありました。

しかし、子どもたちは教員の指示によく従うため、授業は滞りなく行われていました。これは、ミャンマーが敬虔な仏教国であることや、かつては軍事政権に支配されていたことが影響していると考えられます。

軍事政権下では暗記型教育が行われてきましたが、現在は思考力を身につけさせるべく教育改革が行われています。教科書内容をオウム返しさせるような授業方法は、子どもたち自身に考えさせるようなものに改善されようとしているのです。

Myanmar

ミャンマー

人口：約 5458 万人（2020 年推計）
面積：約 68 万平方キロメートル
言語：ミャンマー語
宗教：仏教（90%）、キリスト教、イスラム教など

教育システム

2016 年から改革がなされており、2022 年には、KG（幼稚園教育）が 1 年、初等教育が 5 年、前期中等教育が 4 年、後期中等教育が 3 年になる予定です。

教授言語はミャンマー語。英語の授業は英語で行われます。かつては学年末試験による進級制度を採用していましたが、現在は、継続的に児童生徒の学力を評価しています。

初等教育の純就学率は 97.9％で、中等教育の純就学率は 64.1％、高等教育の総就学率は 18.8％です（それぞれ 2018 年）。

暗記型教育

ミャンマーの旧来の教育の特徴として、暗記型教育がよく知られています。その原因としては、軍事政権に支配されてきたことや、進級試験の在り方が挙げられます。

軍事政権下では、国民が思考力を身につけないように教科書をそのまま暗記させる教育が習慣づいていました。

現在ミャンマーでは教育改革が進められており、自分で考える力を養うため、暗記中心の教え方から生徒が中心となって楽しく学べる方法に転換しつつあります。

私たちはなぜ勉強するのか

私たちは、「勉強」といってもいろいろな種類があることをこの勉強会で学んだ。大学に入る理由は人それぞれである。専門家になるため、やりたいことを見つけるため、社会の役に立つため。そのどれもが尊重されるべきで、大事なのは学び続けること、考え続けることだというのもわかった。それを知った私たちは、これからも勉強を続けていくだろう。

しかし、私たちはなぜ勉強し続ける必要があるのだろうか。

私たちはこの勉強会を通して勉強する意味、そして学び続ける意味について考えてきた。何度議論を繰り返しても、一言で結論づけることはできなかった。しかし、私たちみんながそれぞれの答えを見つけたような気はする。

そこで私たちは、勉強会を通じてどんなことを考えるようになったのか、なぜ勉強するのか、そして学び続ける理由について、各々でもう一度向き合ってみることにした。

アンナの場合

アンナにとって、關谷ゼミに入るまでの勉強は、いわば趣味であった。幼いころから興味のあることを突き詰めるのが好きで、小学生のころは小説ハリー・ポッターにはまり、全七巻を一五周はした。

そして、学校の勉強も大好きだった。アンナは飲み込みが早い方だったので、授業についていけない友達に教えてあげることも多かった。理解してもらえたときの喜びは今でも忘れられない。

しかし、中高一貫校に進学すると、アンナは勉強が楽しくなくなってしまった。先生はいい大学に進学させようと授業しているし、クラスメイトはいい大学に入るために勉強していたからだ。

アンナは、いっぱい出される宿題が嫌になり、すぐに消されてしまう板書をノートに写すのが辛くなった。そういうわけで、アンナの当時の問題集は折り目一つなくきれいで、ノートに書かれていたのはアンナの理想の家の間取りなどの落書きであった。宿題はしない上に、失礼だからと、友達からノートを借りることもしなかった。アンナのそのころの成績は散々であった。

それでも、アンナにはまだ突き詰め続けているものがあった。それはハリー・ポッター。学校の勉強をしていないことに引け目を感じていたアンナは、ハリー・ポッターの原書を読んで英語の勉強をした。間違いなくハリー・ポッターのおかげで、アンナは関学の国際学部に進学することができたのだ。

中高時代の反抗的な態度のわりに、アンナは勉強自体が嫌いになったわけではなかった。大学に進学したら、好きな勉強を好きなだけできるのだと胸を躍らせていたアンナは、意欲的に授業やボランティア活動に取り組んだ。勉強会に参加したのも、みんなで自由研究をするようで、おもしろそうだったからだ。しかし、この考えは甘いものであった。

グループで一つの目標に向かって協働するためには、時にマイペースさを捨てて他のメンバーに合わせる必要がある。これまで自由気ままに勉強してきたアンナにとっては、試行錯誤の日々だった。加えて、個性の強い四人がそろったためか、チーム内で衝突することも多かった。

それでも二年の歳月を経て、最後には、互いに強みを活かし、弱みは補い合うような良いチームとなった。アンナは、チームで他の人と働くことで、自分の強みと弱みを知ることもできた。

関学のスクールモットーは「Mastery for Service（奉仕のための練達）」だ。アンナは、関学で知識を学ぶだけでなく、物事を見る目を養ったり、チームで一つの目的に向かって働くことを学んだりした。アンナにとって、大学はまさに奉仕のための練達の場、つまり卒業後社会に貢献していくための学びの場であった。

アンナは大学卒業後、就職して社会人になる。マイペースに、気が向くままに勉強してきたアンナが、これからは社会人として人々と協力して社会を創っていく立場になる。この勉強会を通じて学んだことも、社会に還元されていくのだ。

アンナには、「人々が心豊かに暮らせるような社会にしていきたい」という夢がある。自分だけの幸せを追求するより、みんなが気持ちよく過ごせる方が幸せだと考えるからだ。そのために、アンナはこれからも勉強を続けていく。

シオリの場合

シオリはなぜ勉強するのか。その理由は、成長するにつれて変化してきた。

この本の最初でも述べているとおり、小学校のころ、シオリは運動音痴であることを勉強を頑張ることでカバーし、自尊心を保っていた。そして、中学生になってからも、その負けず嫌いが幸いして比較的良い成績を取ることができた。

もともと、シオリは勉強が嫌いではなかった。図形やグラフの問題は少し苦手だったが、そろばんをやっていたおかげで計算は速かったし、暗記科目も替え歌を作ったりダジャレで覚えたり、楽しんでやっていた。特に得意だった英語は、三歳から遊び感覚で習っていたこともあり、科目という意識をもたずに勉強していた。

そんな中、高校進学を控え、志望校を考え始めたころ、シオリは、せっかく英語が得意なんだから、英語を使う職業に就けるような進路を選ぼうと考え、受験勉強に励んだ。

このころ、シオリにとって勉強は「自分の自信を保つためにやること」から「得意を無駄にしないためにやること」に変わったのだ。

高校生になっても、得意な英語を中心に真面目に勉強を続けてきた。シオリはその過程で、世界には貧困や紛争などのさまざまな問題があることを知った。そして、それらを解決する職業に就くために大学進学を決めた。

シオリにとって勉強は、「得意なことを無駄にしないためにやること」から「将来社会の役に立つためにやること」に変わったのだ。

大学に入ってから、シオリはいくつかの開発途上国を訪れた。そのたびに、自分がいかに恵まれているのかを実感じ、世界の不公平さを憂えた。大学で勉強を続けるうちに、貧しい暮らしをしている人と恵まれた環境にいる自分に大きな違いはなく、たまたま偶然、運よく「プレミアチケット」を手に入れたようなものだと考えるようになった。そして、そのチケットをきちんと使い果たす責任があると、使命感を覚えるようになった。

このころから、シオリにとって勉強は「将来社会の役に立つためにやること」から「偶然手に入れた『プレミアチケット』を最大限有効に使うためにやること」に変わった。

シオリの考える「プレミアチケット」を有効活用するために、知識を習得することは必要不可欠である。そしてそれができる恵まれた環境にいる限り、シオリは机に向かって一生懸命勉強する。しかし、それだけでは不十分だとシオリは考えている。人や社会の役に立つためには、知識だけではなく、考える力、分析する力、コミュニケーション能力を養う必要があるのだ。

シオリは、この勉強会を通して、そのチケットをより有効活用するために必要なトレーニングができたと感じている。自分とは違う意見や感覚を受け入れる姿勢、人を信じることや仲間の大切さ、腹を割って話すことの大事さ、人と社会は持ちつ持たれつであること、たくさんのことを学んだのだ。

これからも、シオリは机で、社会で、頭で、心で学びながら、責任をもって「プレミアチケット」を使い果たしたいと考えている。

ソラの場合

勉強会活動は約二年間にも及んだが、思い返せば、鬮谷先生に突拍子もない提案をされたことがすべての始まりだった。それまで、ソラにとっての勉強は奨学金をとるための手段にすぎず、「私の大学生活ってこれでいいのだろうか」と疑問に感じていた。そのため、勉強会を始めると決まったときもあまり抵抗感はなかった。しかも、一緒に頑張ってくれる友達がいたので、「しんどくてもなんとかなるか」とあまり深く考えずに勉強会をスタートしたのだった。

毎回の勉強会の準備やアンケート調査、原稿執筆など大変なことはたくさんあったが、不思議とソラは一度も勉強会をやめたいとは思わなかった。メンバーの中には「もうやりたくない！」「勉強会を抜けたい」と感じていた子もいた。そういうメンバーをなだめる役になることが多かったからか、逆に自分は弱音を吐く気になれなかったのかもしれない。もしくは、忙しすぎてマイナスな気持ちにひたる暇があまりなかったことも影響しているかもしれない。

ただ、みんなと「大変なこと」に取り組むたびに、ソラは自分がアニメや漫画の主人公になったような気分を味わった。友達と集まって行う勉強会が単純に楽しかった。

ソラにとって、勉強会での一番の収穫はきっと苦難を苦難と思わなくなったこと、良い意味で鈍感になったことだろう。

先生から無茶な要求をされたときも、他のメンバーが喧嘩して険悪な雰囲気になったときも、最悪だと思うよりも、どうすれば状況が改善するかを自然と考えるようになった。

闕谷ゼミに入ってから失敗したことも多く、周りの友達や先輩ができた人間すぎて自分を卑下することもあった。その度に、ソラは自分とじっくり向き合ってきた。自分と向き合いながら、勉強会でひっきりなしに起こる問題を考え、友達と切磋琢磨する。この環境のおかげで、ソラはこのポジティブな鈍感さを鍛えることができた。

勉強会が始まったばかりのときに考えた「誰かの役に立ちたいから、自分の能力を高められるよう勉強する」という考えは、今でも変わっていない。

確かに、大学で学んだ知識そのものが、魔法のように誰かを助けたことはまだないし、今後もそんな機会はやってこないかもしれない。高校生のときは、ただ知識をインプットすれば賢くなれる、魔法使いのようになれると錯覚していた。でも、勉強会を通して「勉強＝知識の習得」だけではないと気づいた今、知識は大事な武器であり、それをどう役立てるのか考えること、考える素養を身につけることが大事なのだと強く感じる。

ソラは、これからもポジティブな鈍感さを存分に発揮しつつ、どんなときも考えること、学ぶことに貪欲であり続ける。

マイの場合

マイは人と関わること、面白いこと、楽しいことが好きで、いろんな面で自分に自信をもっている。だが、数少ない自信のないことの一つに、勉強があった。新しいことを知るのは楽しいけれど、コツコツ暗記したり、机に向かって参考書とにらめっこしたりすることが苦手だったのだ。

大学入試をなんとか乗り越え、勉強から解放されたマイは、大学に入ってから苦手な勉強をできる限り避け続け、自分の頭を使ってじっくり何かを考える機会をもたなくなってしまった。

そして、「このまま好きなことだけして歳を取ったら、中身のないペラペラな人間になってしまう！」とマイは焦りを感じていた。

マイがそんな危機感を覚えたのは大学生になってからが初めてではない。勉強しないと、変わらないと、という思いは常にあって、これまで何度も挑戦してきた。環境さえ変われば、苦手な勉強もできるようになると考えていたマイ。しかし、どこに行っても、マイは変われなかった。

結局、大学の半分は、楽しいことを優先し、友人と過ごしたり、アルバイトに追われたり、相変わらず勉強することから逃げ続けた。マイはそれを悪いことだとは思っていなかったが、心の中ではいつも、そんな自分にどこか焦っていた。

マイが勉強会に参加した理由もまた、そんな自分を変えたかったからである。勉強熱心な友達に囲まれれば、厳しい環境に身を置けば、自然と勉強するようになるだろう。勉強会に参加さえしていれば今度こそ変われる、とマイは信じて疑わなかった。その考えが誤りだと気づいたのは、頼りにしていたシオリとソラが海外へ行ってしまったときだった。ゼミのリーダーとして、勉強会のまとめ役として、一生懸命奮闘しているうちに、いくら環境が変わっても、主体的に動かない限り変わることはできないことに気づいたのだ。

それに気づいてからのマイは一味違った。自分から積極的にアイデアを出したり、進んでタスクを引き受けたりするようになったのだ。マイはこの勉強会を通じて自分と向き合い、成長することができた。そして、本当の意味で勉強することの大切さを知った。

勉強したことがすぐ実際の生活で活かせるとは限らない。現に、高校生のときに必死で覚えた数学の公式が、歴史の年号が、化学式が、古文の単語が、生活に役に立ったことはこれまでほとんどなかった。しかし、これらの勉強は、いつか巡ってくるかもしれないチャンスをものにするための準備であると、マイは考えている。

この勉強会もそうだ。この勉強会で「なぜ勉強しなければならないのか」について考えてきたが、それがわかったところで、すぐに何かに役立てられるわけではない。しかし、この勉強会で調べたこと、わかったこと、話し合ったことは、マイの頭の中の引き出しにしっかりと納められている。いざというとき、自分の力を発揮する機会を得たとき、その引き出しを開けて、誰か、何かの役に立てるのだ。

マイの人生の目標でもある「知的なおばあちゃん」になるためにも、マイはこれからもその引き出しをいっぱいにするため、自分と向き合い、学び続ける。

私たちがたどり着いた答え

「大学生って思ったより真面目に勉強してないんじゃない？」

そんな些細な疑問をきっかけに、私たちは約二年間にわたって「なぜ勉強するのか」というテーマについて探求してきた。

「学生時代にしかできないことをしなさい」という關谷先生のアドバイスにより、無謀にも本を執筆することを目標に掲げ、文献を読み込み、自分たちの足でデータを集め、仲間と議論しながら自分と向き合い、勉強会を続けてきた。

大学生として過ごす中で「勉強する理由」について疑問をもった私たちの調査対象は大学生だった。そして、「なぜ勉強するのか」という問いはおのずと、「なぜ大学に行くのか」「大学で何を学ぶのか」という議論へと波及した。

しかし、思い返してみれば、大学生になる以前から私たちの人生は学びの連続だった。

生まれたころからずっと、私たちは「勉強」してきた。

赤ちゃんのころから、誰に教えられることもなく、自分の身体の動かし方を学び、ハイハイしたり歩いたりし、周りの人々とのコミュニケーションの中で自然と言葉を覚えてきた。幼稚園や小学校では、読み書き、計算、友達と仲良く一緒に遊ぶことなどを学んだ。子どものころは、社会で生きていくために必要な基本的なことを勉強したのだ。

小中学生や高校生になっても、生きていくために必要な知識を習得しながら、学校行事や部活動などの課外活動を通して心の学びも続けてきた。しかし、今度はその学ぶ理由に「受験」という目的が加わった。より良い学校に入ること、より良い企業に就職することを見据え、点数や成績に重きを置いて勉強する人が多くなった。

しかし、より良い学校に入った後はどうするのか、より良い企業に就職してその後どうするのか、そういうことを考える機会はあまりなかった。その先の未来について考えることなく、勉強する意味について疑問をもたず、ただ目の前の課題をこなし、テストでいい点を取るために勉強する人は多い。

例外の人もいただろうが、私たちが集めたデータでも、「非直結型学生」、文系モラトリアム学生に特にその傾向が見られている。彼らは、大学に入ってから自分のやりたいことについて考え始めるのだ。

そして、大学生になった私たちは、何を学ぶも、時間をどう活かすも自由になった。

とにかく大学を卒業して学歴を得たい学生は、楽に単位が取れるといわれている授業を多く履修する。英語力を磨きたい学生は、英語で開講されている授業を積極的に履修し、留学に行くことも多い。好奇心旺盛でとにかく勉強が好きな学生の中には、他学部の授業を自分の所属する学部の授業と同じだけ履修する者もいる。

大学での過ごし方は人それぞれだが、卒業してから社会に出るのはみんな同じ。学生たちは遅かれ早かれ、大学卒業後の進路を考え始める。どんな職業に就いて、どんな人生を歩みたいか、そのためにはどんな努力が必要か、考えるようになる。

ここでも、私たちは子どものころから続けてきた、社会で生きていくために必要な勉強をすることになる。でも今度は、どんな風に社会で生きていきたいか、どんな自分になりたいかを自ら考え、それを叶えるために学ぶべきことを自分で決めて勉強していくのだ。

「なぜ勉強するのか」というテーマを探求し続けた私たちがたどり着いた答え。

学ぶ＝生きる

私たちは、勉強する意味を考えることは生きる意味を考えることに等しいと気づいた。私たちが勉強する理由。それは「何のために学ぶのか」について、自分たちなりに考え、その後「生きる意味」を生涯にわたって磨いていくためなのではないだろうか。

あとがき

数ある本の中から、本書を手にしてくださってありがとうございます。

入学当初、大学生の私たちが本を出版するなんて誰も想像していませんでした。書籍執筆は想像以上に苦難の連続でしたが、楽しかったことも辛かったことも、私たちにとってかけがえのない財産となりました。こうした貴重な経験ができたのは、多くの方々の支えがあったからです。この場を借りて御礼申し上げます。

まず、私たちに学びの場を提供し、執筆活動を支えてくださった監修者の關谷先生に心より感謝申し上げます。

そして、私たちのチャレンジを応援してくださった関西学院大学出版会のみなさま、関西学院大学広報室、校友課、關谷ゼミ生、ＯＢＯＧのみなさま、この本に関わってくださったすべての方に感謝いたします。ありがとうございました。

私たちは、本書の執筆を通して「学び続ける」ことの重要性を実感することができました。振り返れば、ともに頑張るゼミ生やＯＢＯＧに刺激を受け、私たちは書籍執筆をスタートしました。今度は、私たちが誰かの一歩踏み出すきっかけとなれるよう、執筆メンバーは今もそれぞれの場所で挑戦を続けています。学生時代のように毎日顔を突き合わせて語ることはできませんが、本書に関わってくださった仲間と切磋琢磨しながら成長し続けていきます。

私たちはこれからも学び続け、「勉強する意味」、「生きる意味」を問い続けていきます。

私たちの挑戦をこれからも応援よろしくお願いします。

二〇二一年一月三〇日

桑原志帆・越仲舞・田中真央・西岡彩音

推薦図書一覧

『インフォメーション・アナリシス 5&5——世界が変わる学びの革命』 關谷武司編（二〇二一）関西学院大学出版会。

新たな社会であるSociety 5.0に突入しようとする今、自身の頭で考え、さまざまな情報を分析・統合・評価する力、すなわち真の「情報分析力」が求められている。本書では、「情報分析力」を培う実践手法を、これまでの実例にもとづき完全公開する。


『私たちはこう生きる』 書籍de学び舎プロジェクト（二〇二一）国際協力アカデミー。

新型コロナウイルスが猛威を振るった二〇二〇年。大学は遠隔授業を余儀なくされ、キャンパスでの実践的な学びは制限された。そのような中、大学生たちが自分自身と徹底的に向き合い、「何のために大学に来たのか」「何を大切にすべきなのか」を追求した渾身の手書き本。


『天に愛される道理「百年の桜」直筆版 上・下巻』 伊都猛（二〇二〇）国際協力アカデミー。

学生との問答から生まれた短文の人生訓。教育学者・伊都猛が、「なぜ生きるか」「いかに生きるか」というメッセージを送る。全編手書きの和綴じ本。英訳版も近日出版予定。


『天に愛される教師　晴山貴水　第一巻 青嵐』 伊都猛（二〇二〇）国際協力アカデミー。

無垢な少年が型破りな教育者へと成長していく物語。ストーリーの根底には、教育学者・伊都猛の教育理念が流れる、全編手書きの和綴じ本。


『人生をかえるハッピースイッチ～ボランティアが私に教えてくれたこと～』 SWITCH WA JAPAN（二〇二〇）デザインエッグ社。

関西学院大学の卒業生たちは西日本豪雨災害時に、自分たちにできることはないかと、有給休暇を合わせて泥かきボランティアに参加。この行動が「スイッチ」となって、広く社会へ広がっていくことを願って、社会人としての彼女らの経験談をまとめた一冊。


『開発途上国で学ぶ子どもたち——マクロ政策に資するミクロな修学実態分析』 關谷武司編（二〇一八）関西学院大学出版会。

アジア、アフリカ、ラテンアメリカ地域に位置する一〇カ国を対象に、国際機関や多くの研究者が扱うマクロなデータでは把握しきれない新しい知見を、ミクロな修学実態をキーワードに調査研究し、その研究成果をまとめた学術書。

◆ 外務省「諸外国・地域の学校情報」

オーストラリア

https://www.mofa.go.jp/mofaj/toko/world_school/02pacific/infoC20100.html

カンボジア

https://www.mofa.go.jp/mofaj/toko/world_school/01asia/infoC10300.html

ザンビア

https://www.mofa.go.jp/mofaj/toko/world_school/07africa/infoC72000.html

シンガポール

https://www.mofa.go.jp/mofaj/toko/world_school/01asia/infoC10400.html

ネパール

https://www.mofa.go.jp/mofaj/toko/world_school/01asia/infoC10900.html

ミャンマー

https://www.mofa.go.jp/mofaj/toko/world_school/01asia/infoC11800.html

◆ 外務省「世界の学校を見てみよう」

ザンビア

https://www.mofa.go.jp/mofaj/kids/kuni/zambia_2014.html

マレーシア

https://www.mofa.go.jp/mofaj/kids/kuni/malaysia.html

中国

https://www.mofa.go.jp/mofaj/kids/kuni/0601china.html

◆ UNESCO Institute for Statistics

カンボジア

http://uis.unesco.org/en/country/kh

ザンビア

http://uis.unesco.org/en/country/zm

中国

http://uis.unesco.org/en/country/cn

マレーシア

http://uis.unesco.org/en/country/my

ミャンマー

http://uis.unesco.org/en/country/mm

コラム 参考文献

◆ 外務省　基礎データ

アメリカ
https : //www.mofa.go.jp/mofaj/area/usa/data.html

オーストラリア
https : //www.mofa.go.jp/mofaj/area/australia/data.html

カンボジア
https : //www.mofa.go.jp/mofaj/area/cambodia/data.html

ザンビア
https : //www.mofa.go.jp/mofaj/area/zambia/data.html

シンガポール
https : //www.mofa.go.jp/mofaj/area/singapore/data.html

中国
https : //www.mofa.go.jp/mofaj/area/china/data.html

ネパール
https : //www.mofa.go.jp/mofaj/area/nepal/data.html

フィリピン
https : //www.mofa.go.jp/mofaj/area/philippines/data.html

マレーシア
https : //www.mofa.go.jp/mofaj/area/malaysia/data.html

ミャンマー
https : //www.mofa.go.jp/mofaj/area/myanmar/data.html

◆ 人民網日本語版，「教育部：中国の大学進学率、4 年間で 12.7 ポイント増」（2017 年 7 月 11 日）.

◆ 田中義隆（2017）『ミャンマーの教育 ―― 学校制度と教育課程の現在・過去・未来』明石書店.

◆ 東洋経済オンライン，「アメリカで機会格差の拡大が起きた理由」（2017 年 4 月1日）.

◆ 中村 聡（2007）「ザンビア国教育政策にみる教師の力量観と教師教育の方向性に関する研究」第 43 回日本比較教育学会大会発表，1-8 頁.

◆ 日下 渉（2013）『反市民の政治学 ――フィリピンの民主主義と道徳』法政大学出版局.

◆ 米国国務省国際情報プログラム局（2017）『早分かり「米国の教育」』.

◆ ユニセフ（2017）『世界子供白書 2017』.

◆ グローバルノート ── 国際統計・国別統計専門サイト，世界の大学進学率国別ランキング・推移
https://www.globalnote.jp/post-1465.html

◆ CNA "The Big Read: Streaming ── the good, the bad and the ugly side of an outdated policy"（2019年3月12日）
（URL：https://www.channelnewsasia.com/news/singapore/the-big-read-streaming-the-good-the-bad-and-the-ugly-side-of-an-11332116）.

◆ Chankea PHIN（2013）「カンボジアにおける教育制度の歴史的変遷の考察 ── パリ和平協定以前の教育制度に見る社会的特性」『教育学論集』9（2），185-7頁．

◆ Ministry of Education, Youth and Sport. 2019. *Public Education Statistic & Indicators 2018-2019*, 41頁．

◆ World Economic Forum, Global Gender Gap Report 2020.

◆ 井出穣治（2017）『フィリピン ── 急成長する若き「大国」』中公新書．

◆ 大野拓司・鈴木伸隆・日下 渉（2016）『フィリピンを知るための64章』明石書店．

◆ 織田由紀（2000）「フィリピンの公教育におけるジェンダーと女性政策」『国際教育協力論集』第3巻第2号，1-15頁．

◆ 自治体国際化協会（2015）「中国の教育制度と留学事情」CLAIR REPORT NUMBER 427，1-44頁．

◆ 自治体国際化協会（2010）「米国における言語マイノリティに対する教育支援策」CLAIR REPORT NUMBER 346，1-106頁．

◆ 自治体国際化協会（2001）「マレーシアの教育」CLAIR REPORT NUMBER 219，1-50頁．

執筆者略歴

桑原志帆（くわはら・しほ）

1997年大阪生まれ。2020年関西学院大学国際学部卒業。
現在は海外の大学院に在学中。

越仲 舞（こしなか・まい）

1997年大阪生まれ。2020年関西学院大学国際学部卒業。
現在は研修会社勤務。

田中真央（たなか・まお）

1997年大阪生まれ。2021年関西学院大学国際学部卒業。
現在は国家公務員として勤務。

西岡彩音（にしおか・あやね）

1997年兵庫生まれ。2020年関西学院大学国際学部卒業。
現在は木材商社勤務。

監修者略歴

關谷武司（せきや・たけし）

関西学院大学国際学部教授
専門分野：国際教育開発／プロジェクト計画立案／モニタリング・評価

［主要著書・論文］

Sekiya, T. (2014). Individual Patterns of Enrolment in Primary Schools in the Republic of Honduras. *Education 3-13: International Journal of Primary, Elementary and Early Years Education, 42* (5), 460-474.

Sekiya, T., & Ashida, A. (2017). An Analysis of Primary School Dropout Patterns in Honduras. *Journal of Latinos and Education, 16* (1), 65-73.

關谷武司編（2016）『世界へ挑む君たちへ —— 実践型グローバル人材教育論』関西学院大学出版会.

關谷武司編（2018）『開発途上国で学ぶ子どもたち —— マクロ政策に資するミクロな修学実態分析』関西学院大学出版会.

私たちが勉強する意味

最高に楽しかったブラックゼミ

2021年4月30日 初版第一刷発行

著　者　桑原志帆・越仲 舞・田中真央・西岡彩音
監　修　關谷武司

発行者　田村和彦
発行所　関西学院大学出版会
所在地　〒662-0891
　　　　兵庫県西宮市上ケ原一番町1-155
電　話　0798-53-7002

印　刷　協和印刷株式会社

Printed in Japan by Kwansei Gakuin University Press
ISBN 978-4-86283-320-4